KOSMOS KOMPAKT

Vögel

Hermann Heinzel

Die in Europa
vorkommenden Arten
in 1500 Farbillustrationen

Kosmos
Gesellschaft der Naturfreunde
Franckh'sche Verlagshandlung
Stuttgart

Vögel

1500 Farbillustrationen und Text von Hermann Heinzel

Umschlaggestaltung von Alice Piringer unter Verwendung
zweier Farbillustrationen des Verfassers

Franckh'sche Verlagshandlung, W. Keller & Co., Stuttgart/1985
Sämtliche Rechte, einschließlich der Wiedergabe
durch Funk, Film und Fernsehen, fotomechanische und andere
Mittel, auch in Auszügen, vorbehalten.
© 1985, Hermann Heinzel
Printed in Spain/Imprimé en Espagne
L 9sn Hrr/ISBN 3-440-05525-6
Satz: G. Müller, Heilbronn
Reproduktion: Adroit PhotoLitho, Birmingham
Druck und Buchbinder: Heraclio Fournier, Vitoria/Spanien

Vorwort

Mit diesem Buch habe ich mir selbst einen langgehegten Wunsch erfüllt: Ein Buch, das bequem in meiner Westentasche Platz hat und trotzdem alle Vögel Europas in farbigen Abbildungen zeigt, ein Buch, das ich auf alle Wanderungen und Reisen mitnehmen kann, um Vogelbeobachtungen direkt einzutragen.

Sicher, es gibt viele Bücher über die Vögel Europas, und jeder ernsthafte Vogelbeobachter sollte einige davon besitzen. Mein erstes Vogelbuch war, wie wohl für viele Vogelfreunde, „Was fliegt denn da?" vom Kosmos-Verlag. Später habe ich dann selbst ein Bestimmungsbuch illustriert, in dem alle Vögel Europas, Nordafrikas und des Mittleren Ostens abgebildet sind. Viele dieser Bücher sind ausführlicher, aber dadurch auch schwerer als dieser kleine Kompaktführer, und das ist oft ausschlaggebend dafür, ob man das Buch auf eine Wanderung mitnimmt oder nicht. Und das Ergebnis ist dann meist dies, daß man später nicht mehr weiß, was man wann, wo und wie oft beobachtet hat, obwohl man es sich doch „irgendwo" notiert hatte, wann das war, die „erste" Großtrappe am Neusiedler See, der Tannenhäher im Schwarzwald oder die Felsentaube im Tessin.

Damit das nicht mehr passiert, habe ich diesen Kompaktführer gemacht. Man kann einen davon in den Urlaub mitnehmen, vielleicht sogar noch einen, um zu notieren, wie viele Arten man im Laufe eines Jahres gesehen hat oder auch, wie viele Arten man überhaupt schon gesehen hat. Er enthält Angaben über alle europäischen Vogelarten, seien es Ganzjahresvögel, Sommer- oder Wintergäste, Durchzügler oder Irrläufer.

Sicher, einige der Abbildungen, wie etwa die der Grasmücken, können durch ihr kleines Format den betreffenden Vogel nicht eindeutig wiedergeben. Aber bei diesen schwierigen Arten sollte man sowieso stets noch sein ausführlicheres Buch zu Rate ziehen*. Bei der Wahl der deutschen und der wissenschaftlichen Artbezeichnungen habe ich mich an die allgemein gebräuchlichen gehalten. Trotzdem mag der eine oder andere Name von den üblicherweise verwendeten abweichen, ebenso die Reihenfolge der Arten. Aber beim Durchblättern wird man schnell mit dem System vertraut.

Hermann Heinzel

---

*
z. B. das Kosmosbuch der Vögel, den Kosmos-Vogelführer oder „Was fliegt denn da?"

Ein einzelner Vogel ohne Geschlechtssymbol zeigt eine Art, bei der Männchen (♂) und Weibchen (♀) in der Natur praktisch nicht zu unterscheiden sind. Das Bild zeigt dann stets ein typisches Männchen im Brutkleid. Arten, welche in Europa meist als seltene Gäste im Winterkleid erscheinen, sind in diesem abgebildet und mit einem W (= Winterkleid) gekennzeichnet.

Ein einzelner Vogel mit einem männlichen Symbol zeigt eine Art, bei welcher das Weibchen von einem geübten Beobachter zu unterscheiden ist, der Unterschied ist aber sehr gering. Abgebildet wurde dann stets ein ♂.

Arten, bei denen die Geschlechter ohne große Mühe zu erkennen sind, werden in beiden Geschlechtern gezeigt. Der vordere Vogel ist stets das ♂, das ♀ dahinter. Jungvögel sind nur in wenigen Ausnahmen abgebildet und mit imm (immature) gekennzeichnet.
Einige Arten zeigen deutliche regionale Unterschiede. Solche sogenannten Unterarten sind dann abgebildet (stets das ♂, da die Weibchen meist weniger zu unterscheiden sind). Sie werden mit ihren wissenschaftlichen Namen gekennzeichnet.

♂ *italiae*

Manche Arten, wie Greifvögel oder der hier abgebildete Kampfläufer, zeigen ein sehr variables Gefieder. Typische „Varianten" werden abgebildet und haben dann ein eigenes Kästchen. Nicht gezeigt werden die bei manchen Arten auftretenden Weißlinge (Albinos), Teilalbinos oder melanistischen Schwärzlinge, ausgenommen die dunklen Phasen von Wiesenweihe, Rebhuhn und Bekassine.

An kleinen Flugbildern werden typische Einzelheiten an den Schwingen, am Schwanz oder Rumpf dargestellt, die am ruhenden Vogel nicht sichtbar, aber zur Bestimmung nützlich sind.

Viele Arten haben ein vom Brutkleid sehr verschiedenes Winterkleid. Sind diese abgebildet, sind sie stets mit einem W gekennzeichnet und stehen mit einigen Ausnahmen hinter dem Vogel im Brutkleid.

Die Schneehühner sind Beispiele, bei welchen sich Brut- und Winterkleid stark unterscheiden. Es gibt bei ihnen sogar noch ein Zwischenkleid, welches je nicht gezeigt wird. Ebenfalls nicht abgebildet werden die Schlichtkleider der ♂ Enten. Diese legen sie im Spätsommer an, sie gleichen dann meist den Weibchen und sind nur vom Kenner zu bestimmen. Im Winter legen dann diese Männchen wieder ihre Prachtkleider an.

Ein blauer Streifen
bedeutet den Beginn
einer neuen Familie

Zunächst ist stets der deutsche, dann der wissenschaftliche Name
einer Familie angegeben. Die Ziffern rechts über den Karten bedeu-
ten die Anzahl der Arten innerhalb einer Familie, die bisher in Europa
beobachtet wurden. In diesem Falle hier 20 + 2 bedeuten: zwanzig
Finkenarten werden regelmäßig als Brut- oder Wintervögel beobach-
tet, dazu kommen zwei seltene Gäste oder Ausnahmeerscheinungen,
die eigentlich nicht Teil der europäischen Fauna sind.

Hier können Sie eine
beobachtete Art
ankreuzen

Raum für Notizen

☐ **HAUSROTSCHWANZ**   Sg. d. wg ●
Phoenicurus ochruros   Sg. ●
                      Sg. ●

Ein dünneres Kästchen
bedeutet eine Unterart
oder Farbvariante

☐ *Ph. o. aterrimus*   –   Portugal
                                  S-Z.Spanien

Unter dem deutschen Namen ist stets der wissenschaftliche Name
angegeben. Nicht im Feld unterscheidbare Unterarten werden zusam-
mengefaßt. Eine deutlich unterscheidbare „Rasse" wird nur mit ihrem
wissenschaftlichen Namen benannt. Die Symbole links neben der
Karte geben den Status der einzelnen Arten in den deutschsprachigen
Ländern wieder, stets von oben nach unten Deutschland – Schweiz –
Österreich. Rot in der Karte bedeutet Brutgebiet, Blau Überwinte-
rungsgebiet.

Die folgenden Symbole geben die Häufigkeit und den Status jeder einzelnen Vogel-
art in den oben angegebenen drei Ländern wieder. Ein – bedeutet, daß der Vogel im
entsprechenden Land bisher noch nicht beobachtet wurde.

●   häufiger und weit verbreiteter
    Brutvogel.

▲   häufiger, regelmäßiger weit verbreiteter
    nicht brütender Gast.

◖   nicht sehr häufiger, lokal
    verbreiteter Brutvogel.

▲   nicht sehr häufiger und lokaler
    Gast.

○   seltener, nur lokal auftretender
    Brutvogel.

△   seltener, jedoch regelmäßiger sehr
    lokaler Gast.

Großteil der Population
Geringerer Teil der Population

Jv.	jv.	Jahresvogel, das ganze Jahr über zu beobachten.
Sg.	sg.	Sommergast, meist vom Frühling bis Mittsommer.
Wg.	wg.	Wintergast, meist vom Spätherbst bis ins Frühjahr.
D.	d.	Durchzügler, sowohl Herbst- wie Frühjahrsdurchzug.

I =   Irrgast, seltener unregelmäßiger Gast,
      kein eigentlicher Teil unserer Fauna.

Invas. =   Invasionsvogel, erscheint unregel-
          mäßig, aber oft in großer Zahl.

eing. =   Eine aus einer anderen Gegend
         eingebürgerte Art.

Der oben angegebene Hausrotschwanz zum Beispiel ist in Deutschland Sg. d. wg.
● also ein häufiger Sommergast, seltener Durchzügler und überwintert in geringer
Zahl. Er ist ein häufiger Brutvogel. In der Schweiz ein häufiger Sommergast und
Brutvogel, in Österreich ebenfalls. Die Unterart *aterimus* ist bisher in keinem der
drei Länder beobachtet worden, sie lebt in Portugal, Süd- und Zentralspanien.

Bei den seltenen Gästen wurden keine Verbreitungskarten abgebildet. Bei ihnen ist
rechts das Herkunftsgebiet angegeben, darunter die Länder, in welchen sie bisher
gesehen wurden. Es wurden die gleichen Buchstaben wie die der KFZ-Nationali-
tätskennzeichen verwendet. Die Irrgäste auf Seite 56–58, die bisher weniger als
20mal in Europa beobachtet wurden, sind gleich behandelt. Hier ein Beispiel:

eine dicke schwarze Linie bedeutet
eine neue Familie

☐ **Riesenschwirl**	–	Sibirien
Locustella fasciata	–	
	–	F. DK.
☐ **Streifenschwirl**	I	Sibirien
Locustella certhiola	–	
	–	D-NL-GB-IRL

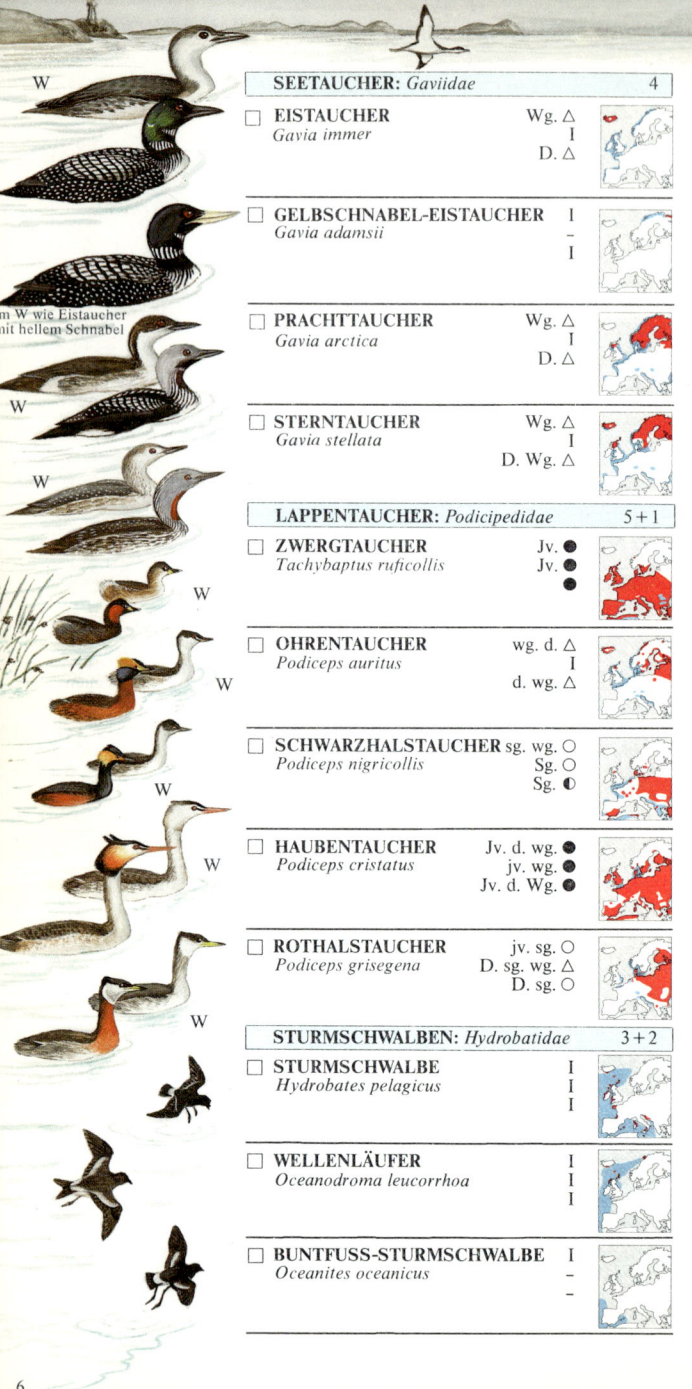

SEETAUCHER: *Gaviidae*		4

☐ **EISTAUCHER** Wg. △
Gavia immer I
  D. △

☐ **GELBSCHNABEL-EISTAUCHER** I
Gavia adamsii –
  I

im W wie Eistaucher
mit hellem Schnabel

☐ **PRACHTTAUCHER** Wg. △
Gavia arctica I
  D. △

☐ **STERNTAUCHER** Wg. △
Gavia stellata I
  D. Wg. △

LAPPENTAUCHER: *Podicipedidae*		5 + 1

☐ **ZWERGTAUCHER** Jv. ●
Tachybaptus ruficollis Jv. ●
  ●

☐ **OHRENTAUCHER** wg. d. △
Podiceps auritus I
  d. wg. △

☐ **SCHWARZHALSTAUCHER** sg. wg. ○
Podiceps nigricollis Sg. ○
  Sg. ◑

☐ **HAUBENTAUCHER** Jv. d. wg. ●
Podiceps cristatus jv. wg. ●
  Jv. d. Wg. ●

☐ **ROTHALSTAUCHER** jv. sg. ○
Podiceps grisegena D. sg. wg. △
  D. sg. ○

STURMSCHWALBEN: *Hydrobatidae*		3 + 2

☐ **STURMSCHWALBE** I
Hydrobates pelagicus I
  I

☐ **WELLENLÄUFER** I
Oceanodroma leucorrhoa I
  I

☐ **BUNTFUSS-STURMSCHWALBE** I
Oceanites oceanicus –
  –

Möwen S. 30–31

Tölpel

Großer Sturmt.

Gelbschnabel-Sturmtaucher

Eissturmvogel

P.p.m.

P.p.p.

Mollymauk

Schwarzschnabel-Sturmtaucher

Kleiner Sturmt.

Dunkler Sturmt.

Raubmöwen S. 29

P.p. mauretanicus

dunkel

weiß

ALBATROSSE: *Diomedeidae*			0 + 5
☐ **MOLLYMAUK** *Diomedea melanophris*		– –	südl. Ozeane
		–	ISL-GB-N
STURMVÖGEL: *Procellariidae*			5 + 7
☐ **SCHWARZSCHN.-STURMT.** *Puffinus p. puffinus*	d △ I I		
☐ *P. p. mauretanicus*		–	
☐ **KLEINER STURMTAUCHER** *Puffinus assimilis*	I –		Atlant. Inseln
			an allen Küsten
☐ **GROSSER STURMTAUCHER** *Puffinus gravis*	– –		
☐ **DUNKLER STURMTAUCHER** *Puffinus griseus*	I –		
☐ **GELBSCHN.-STURMT.** *Calonectris diomedea*	I I –		
☐ **EISSTURMVOGEL** *Fulmarus glacialis*	○ – –		
☐ dunkle Phase			
☐ weiße Phase			
TÖLPEL: *Sulidae*			1 –
☐ **BASSTÖLPEL** *Sula bassana*	d △ – I		

7

KORMORANE: *Phalacrocoracidae*		3 –
☐ **KORMORAN**	jv. wg. ◗	
Phalacrocorax carbo	d. wg. sg. △	
	D. △	
☐ *Ph. c. sinensis*		
☐ **KRÄHENSCHARBE**	△	
Phalacrocorax aristotelis	–	
	I	
☐ **ZWERGSCHARBE**	I	
Phalacrocorax pygmaeus	I	
	I	

W

sinensis

W

W

Krauskopf-
pelikan

Rosa-
pelikan

PELIKANE: *Pelecanidae*		2 –
☐ **KRAUSKOPFPELIKAN**	–	
Pelecanus crispus	–	
	–	
☐ **ROSAPELIKAN**	–	
Pelecanus onocrotalus	I	
	I	

REIHER: *Ardeidae*		9 + 5
☐ **ZWERGDOMMEL**	sg. ○	
Ixobrychus minutus	sg. ◗	
	sg. ◗	
☐ **ROHRDOMMEL**	jv. ◗	
Botaurus stellaris	D. △	
	Jv. D. ○	
☐ **NORDAM. ROHRD.**	–	Nord-
Botaurus lentiginosus	–	Amerika
	–	ISL-GB-
		DK-N-E

☐ **GRAUREIHER**	Jv. wg. ●	
Ardea cinerea	Jv. ◑	
	Jv. D. ●	
☐ **PURPURREIHER**	sg. ○	
Ardea purpurea	sg. d. ○	
	sg. d. ○	
☐ **SILBERREIHER**	I	
Egretta alba	I	
	sg. d. ○	
☐ **SEIDENREIHER**	I	
Egretta garzetta	I	
	I	
☐ **KUHREIHER**	I	
Bulbulcus ibis	–	
	–	
☐ **RALLENREIHER**	I	
Ardeola ralloides	d. △	
	d. (b?)	
☐ **NACHTREIHER**	sg. D. ○	
Nycticorax nycticorax	D. △	
	Sg. D. ○	

STÖRCHE: *Ciconiidae*   2

☐ **SCHWARZSTORCH**	Sg. D. ○	
Ciconia nigra	d. △	
	Sg. d. ○	
☐ **WEISS-STORCH**	Sg. D. ◑	
Ciconia ciconia	d. eing. ○	
	Sg. D. ●	

IBISSE: *Threskiornithidae*   –   2 + 1

☐ **LÖFFLER**	d. (b)	
Platalea leucorodia	I	
	Sg. d. ○	
☐ **SICHLER**	I	
Plegadis falcinellus	I	
	Sg. d. (b?)	

W

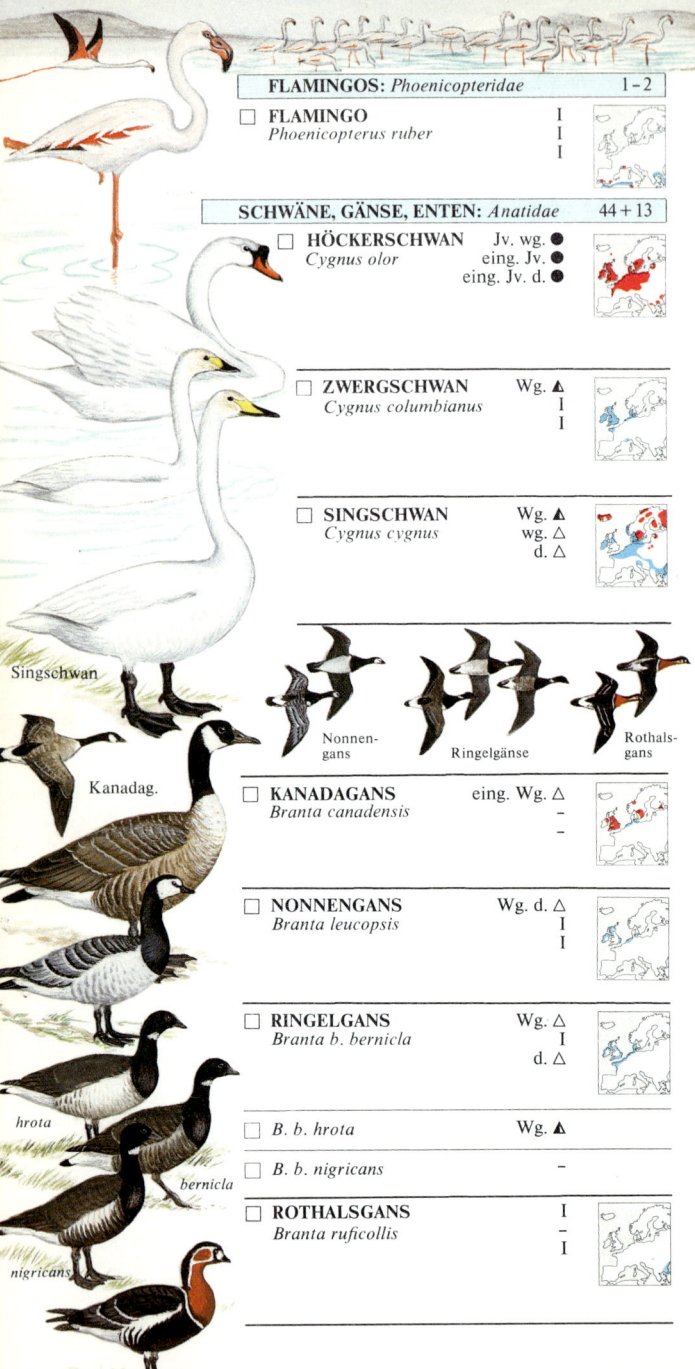

FLAMINGOS: *Phoenicopteridae*		1–2
☐ **FLAMINGO** *Phoenicopterus ruber*	I I I	

SCHWÄNE, GÄNSE, ENTEN: *Anatidae*		44 + 13
☐ **HÖCKERSCHWAN** *Cygnus olor*	Jv. wg. ● eing. Jv. ● eing. Jv. d. ●	
☐ **ZWERGSCHWAN** *Cygnus columbianus*	Wg. ▲ I I	
☐ **SINGSCHWAN** *Cygnus cygnus*	Wg. ▲ wg. △ d. △	

Singschwan

Nonnen-gans

Ringelgänse

Rothals-gans

Kanadag.

☐ **KANADAGANS** *Branta canadensis*	eing. Wg. △ – –	
☐ **NONNENGANS** *Branta leucopsis*	Wg. d. △ I I	
☐ **RINGELGANS** *Branta b. bernicla*	Wg. △ I d. △	
☐ *B. b. hrota*	Wg. ▲	
☐ *B. b. nigricans*	–	
☐ **ROTHALSGANS** *Branta ruficollis*	I – I	

hrota

bernicla

nigricans

☐ **SAATGANS**	Wg. ▲	
Anser f. fabalis	D. Wg. ▲	
	Wg. d. △	
☐ *A. f. rossicus*		
☐ **KURZSCHNABELGANS**	Wg. ▲	
Anser brachyrhynchus	I	
	–	
☐ **BLÄSSGANS**	Wg. ▲	
Anser a. albifrons	d. △	
	Wg. d. △	
☐ *A. a. flavirostris*		
☐ **ZWERGGANS**	I	
Anser erythropus	I	
	I	

rossicus

fabalis

Zwerggans

Saatgans Kurzschnabelg. Bläßgans Nilgans

rubrirostris

☐ **GRAUGANS**	Jv. Wg. ◖	
Anser a. anser	d. wg. △	
	d. eing. Jv. ◖	
☐ *A. a. rubrirostris*	Jv. ◖	
☐ **SCHNEEGANS**	I	
Anser caerulescens	–	
	–	
☐ blaue Phase		
☐ **STREIFENGANS**	eing.	aus
Anser indicus	–	Indien
	–	SF-S-
		DK-H-D
☐ **NILGANS**	–	
Alopochen aegyptiacus	–	
	–	
☐ braune Phase		

blaue Ph.

graue V.

braune V.

11

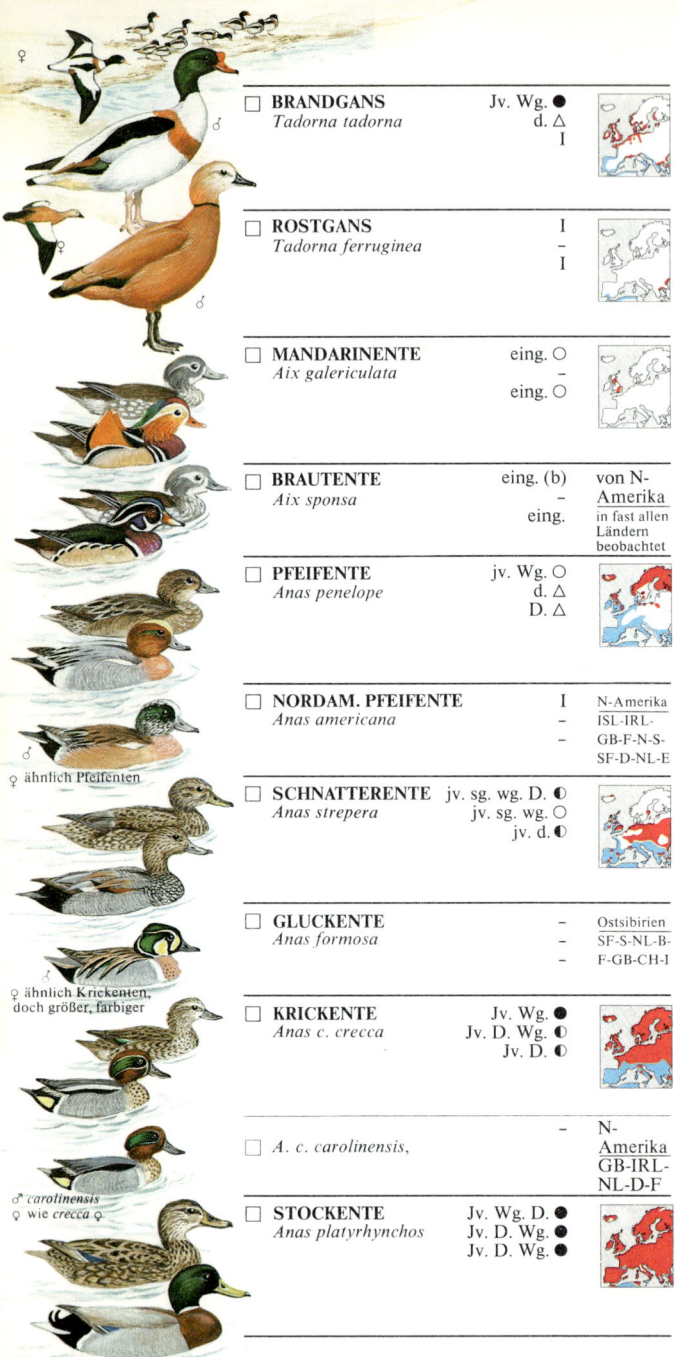

☐ **BRANDGANS**	Jv. Wg. ●	
Tadorna tadorna	d. △	
	I	

☐ **ROSTGANS**	I	
Tadorna ferruginea	–	
	I	

☐ **MANDARINENTE**	eing. ○	
Aix galericulata	–	
	eing. ○	

☐ **BRAUTENTE**	eing. (b)	von N-Amerika
Aix sponsa	–	in fast allen Ländern beobachtet
	eing.	

☐ **PFEIFENTE**	jv. Wg. ○	
Anas penelope	d. △	
	D. △	

☐ **NORDAM. PFEIFENTE**	I	N-Amerika
Anas americana	–	ISL-IRL-
	–	GB-F-N-S- SF-D-NL-E

☐ **SCHNATTERENTE**	jv. sg. wg. D. ◑	
Anas strepera	jv. sg. wg. ○	
	jv. d. ◑	

☐ **GLUCKENTE**	–	Ostsibirien
Anas formosa	–	SF-S-NL-B-
	–	F-GB-CH-I

☐ **KRICKENTE**	Jv. Wg. ●	
Anas c. crecca	Jv. D. Wg. ◑	
	Jv. D. ◑	

	–	N-Amerika
☐ *A. c. carolinensis,*		GB-IRL- NL-D-F

☐ **STOCKENTE**	Jv. Wg. D. ●	
Anas platyrhynchos	Jv. D. Wg. ●	
	Jv. D. Wg. ●	

♀

♂

♀

♂

♂

♀ ähnlich Pfeifenten

♂

♀ ähnlich Krickenten, doch größer, farbiger

♂

♂ *carolinensis*
♀ wie *crecca* ♀

☐ **SPIESSENTE** *Anas acuta*	jv. Wg. D. ○ D. Wg. ▲ jv. D. ○	
☐ **KNÄKENTE** *Anas querquedula*	Sg. ● sg. D. ○ Sg. D. ○	
☐ **BLAUFLÜGELENTE** *Anas discors*	I – –	N-Amerika GB-IRL-S- DK-NL-B- D-CH-F-I-E
☐ **LÖFFELENTE** *Anas clypeata*	Sg. Wg. D. ◑ sg. D. wg. ○ Sg. D. ◑	
☐ **MARMELENTE** *Anas angustirostris*	I –	
☐ **KOLBENENTE** *Netta rufina*	jv. d. ○ sg. D. ○ sg. d. ◑	
☐ **TAFELENTE** *Aythya ferina*	Jv. Wg. ● jv. D. Wg. ○ jv. D. Wg. ◑	
☐ **MOORENTE** *Aythya nyroca*	sg. D. ○ d. wg. △ sg. d. ○	
☐ **REIHERENTE** *Aythya fuligula*	Jv. Wg. ● jv. D. Wg. ◑ jv. D. ●	
☐ **HALSRINGENTE** *Aythya collaris*	I – –	N-Amerika ISL-GB-N- DK-IRL-B- CH-F-E-D
☐ **BERGENTE** *Aythya marila*	Wg. D. △ d. wg. △ D. wg. △	

♀ähnelt Knäkenten

♂

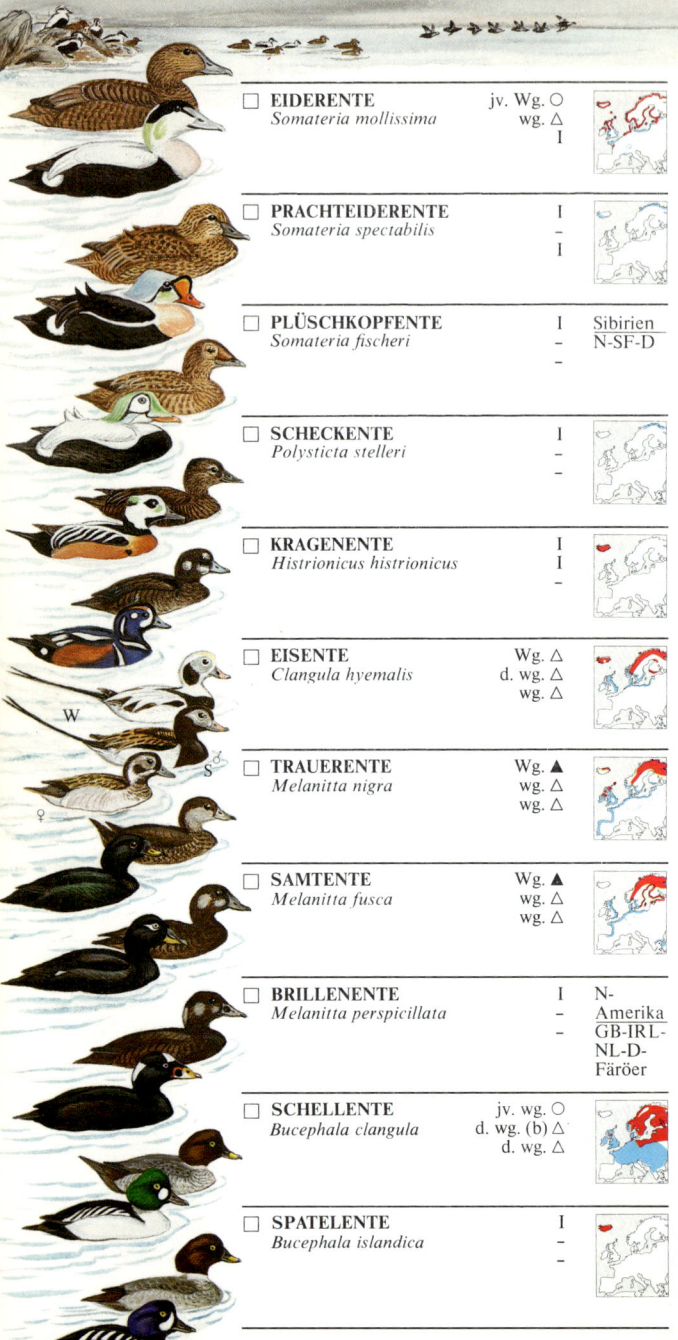

☐ **EIDERENTE** *Somateria mollissima*	jv. Wg. ○ wg. △ I	
☐ **PRACHTEIDERENTE** *Somateria spectabilis*	I – I	
☐ **PLÜSCHKOPFENTE** *Somateria fischeri*	I – –	Sibirien N-SF-D
☐ **SCHECKENTE** *Polysticta stelleri*	I – –	
☐ **KRAGENENTE** *Histrionicus histrionicus*	I I –	
☐ **EISENTE** *Clangula hyemalis*	Wg. △ d. wg. △ wg. △	
☐ **TRAUERENTE** *Melanitta nigra*	Wg. ▲ wg. △ wg. △	
☐ **SAMTENTE** *Melanitta fusca*	Wg. ▲ wg. △ wg. △	
☐ **BRILLENENTE** *Melanitta perspicillata*	I – –	N- Amerika GB-IRL- NL-D- Färöer
☐ **SCHELLENTE** *Bucephala clangula*	jv. wg. ○ d. wg. (b) △ d. wg. △	
☐ **SPATELENTE** *Bucephala islandica*	I – –	

W

S ♂

♀

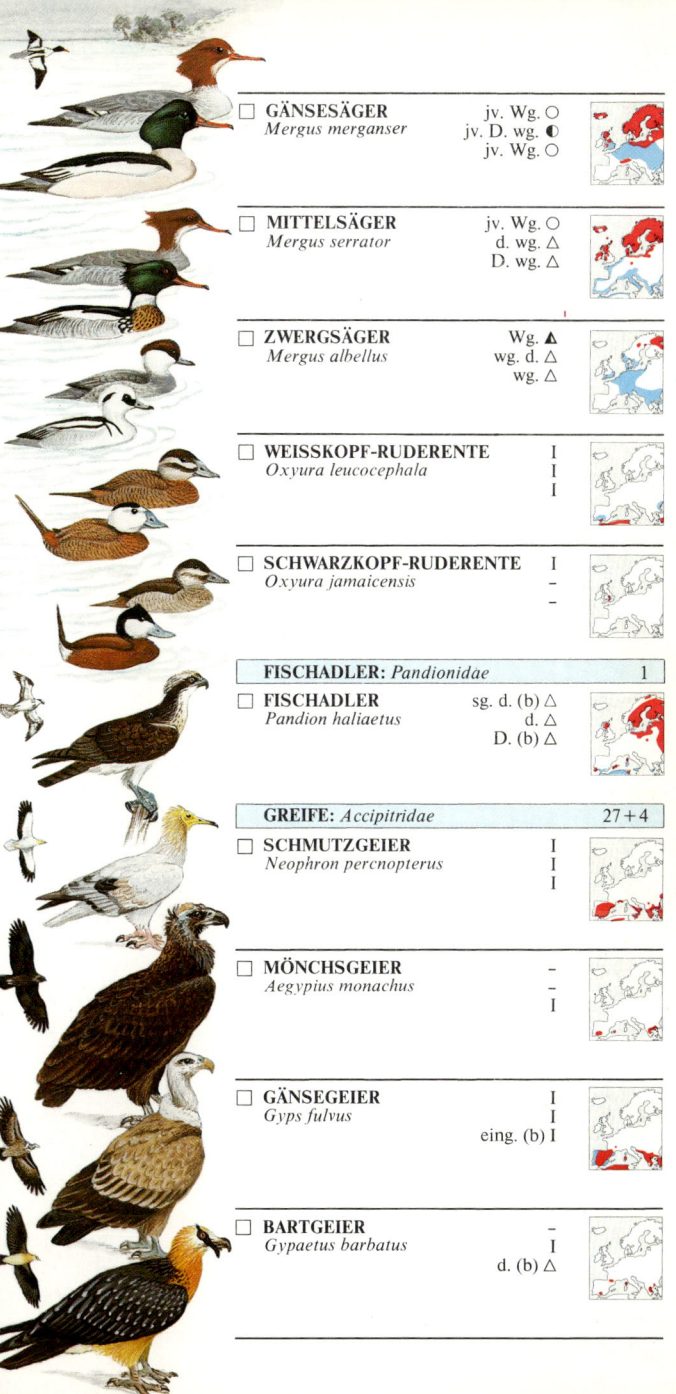

☐ **GÄNSESÄGER**
Mergus merganser

jv. Wg. ○
jv. D. wg. ◑
jv. Wg. ○

☐ **MITTELSÄGER**
Mergus serrator

jv. Wg. ○
d. wg. △
D. wg. △

☐ **ZWERGSÄGER**
Mergus albellus

Wg. ▲
wg. d. △
wg. △

☐ **WEISSKOPF-RUDERENTE**
Oxyura leucocephala

I
I
I

☐ **SCHWARZKOPF-RUDERENTE**
Oxyura jamaicensis

I
–

FISCHADLER: *Pandionidae*   1

☐ **FISCHADLER**
Pandion haliaetus

sg. d. (b) △
d. △
D. (b) △

GREIFE: *Accipitridae*   27+4

☐ **SCHMUTZGEIER**
Neophron percnopterus

I
I
I

☐ **MÖNCHSGEIER**
Aegypius monachus

–
–
I

☐ **GÄNSEGEIER**
Gyps fulvus

I
I
eing. (b) I

☐ **BARTGEIER**
Gypaetus barbatus

–
I
d. (b) △

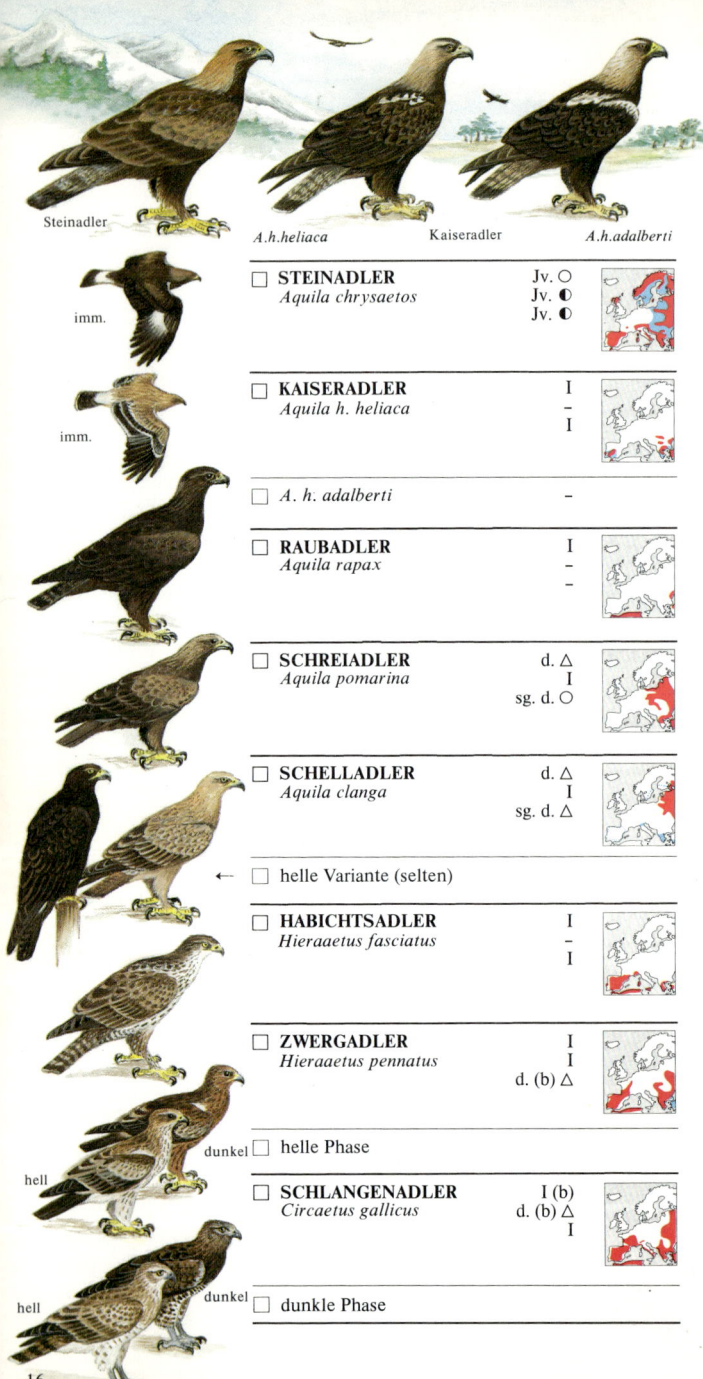

Steinadler

A.h.heliaca　　Kaiseradler　　*A.h.adalberti*

imm.

☐ **STEINADLER** *Aquila chrysaetos*	Jv. ○ Jv. ◐ Jv. ◑	

imm.

☐ **KAISERADLER** *Aquila h. heliaca*	I – I	

☐ *A. h. adalberti*	–	

☐ **RAUBADLER** *Aquila rapax*	I – –	

☐ **SCHREIADLER** *Aquila pomarina*	d. △ I sg. d. ○	

☐ **SCHELLADLER** *Aquila clanga*	d. △ I sg. d. △	

← ☐ helle Variante (selten)

☐ **HABICHTSADLER** *Hieraaetus fasciatus*	I – I	

☐ **ZWERGADLER** *Hieraaetus pennatus*	I I d. (b) △	

dunkel ☐ helle Phase

hell

☐ **SCHLANGENADLER** *Circaetus gallicus*	I (b) d. (b) △ I	

hell　　dunkel ☐ dunkle Phase

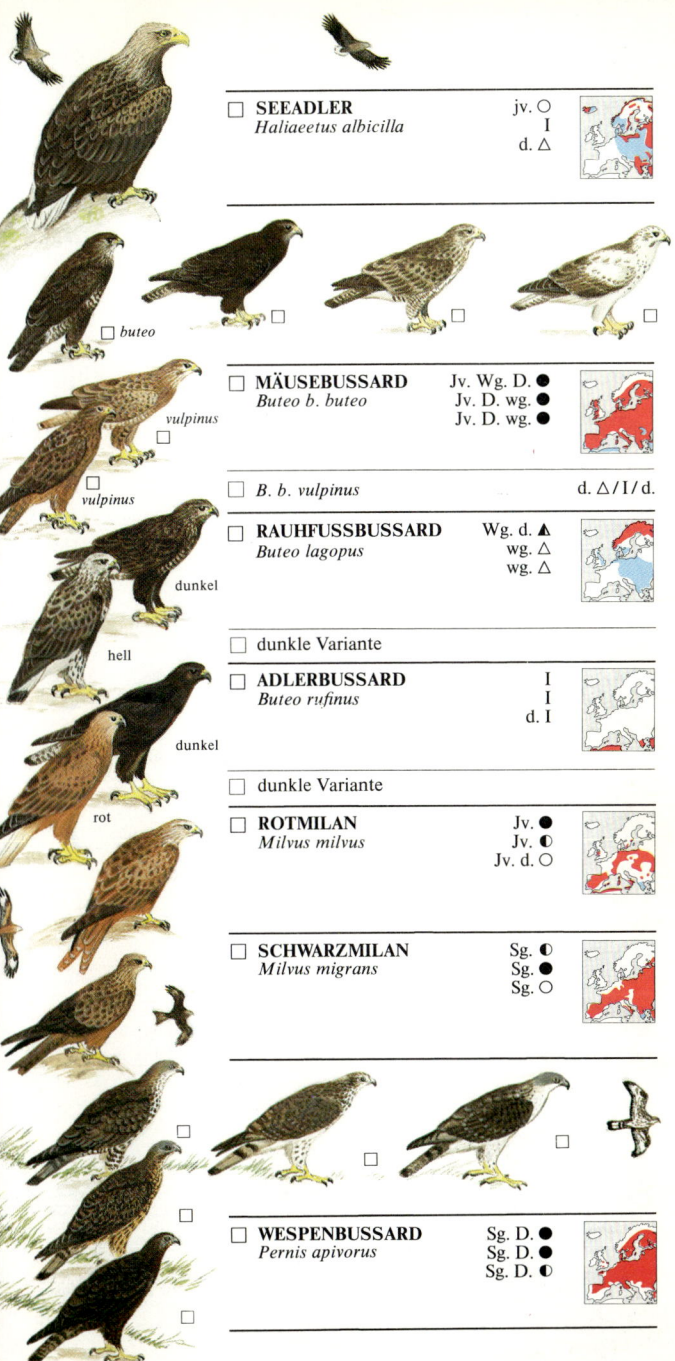

☐ **SEEADLER**	jv.	○
Haliaeetus albicilla		I
	d.	△

☐ *buteo*   ☐   ☐   ☐

☐ **MÄUSEBUSSARD**	Jv. Wg. D.	●
Buteo b. buteo	Jv. D. wg.	●
vulpinus ☐	Jv. D. wg.	●

☐ *vulpinus*

☐ *B. b. vulpinus*	d. △ / I / d.

☐ **RAUHFUSSBUSSARD**	Wg. d.	▲
Buteo lagopus	wg.	△
dunkel	wg.	△

hell

☐ dunkle Variante

☐ **ADLERBUSSARD**	I
Buteo rufinus	I
dunkel	d. I

☐ dunkle Variante

rot

☐ **ROTMILAN**	Jv.	●
Milvus milvus	Jv.	◖
	Jv. d.	○

☐ **SCHWARZMILAN**	Sg.	◖
Milvus migrans	Sg.	●
	Sg.	○

☐   ☐   ☐

☐

☐

☐ **WESPENBUSSARD**	Sg. D.	●
Pernis apivorus	Sg. D.	●
	Sg. D.	◖

☐

□ **HABICHT**	Jv. ●
Accipiter gentilis	Jv. ●
	Jv. ◐

| □ *A. g. buteoides* | |

□ **SPERBER**	Jv. ●
Accipiter nisus	Jv. ●
	Jv. ●

□ **KURZFANGSPERBER**	–
Accipiter brevipes	–
	–

□ **GLEITAAR**	–
Elanus caeruleus	–
	–

Wiesen-
weihe

Korn-
weihe

Steppen-
weihe

Rohr-
weihe

schwarze
Phase

□ **WIESENWEIHE**	Sg. D. ◐
Circus pygargus	D. wg. (b) ○
	Sg. D. ○

| □ schwarze Phase | |

□ **KORNWEIHE**	Jv. wg. ○
Circus cyaneus	d. sg. (b) △
	jv. D. (b) △

□ **STEPPENWEIHE**	I
Circus macrourus	I
	d. (b?) △

□ **ROHRWEIHE**	jv. sg. D. ◐
Circus aeruginosus	sg. D. ○
	jv. sg. D. ○

imm. Steinadler
S. 16

Spannweite 190–230 cm

Kaiseradler
S. 16

Spw. 175–185

Raubadler S. 16

Spw. 158–173

Seeadler S. 17

Spw. 200–235

Schreiadler
Spw. 140–162 S. 16

Schelladler
S. 16 Spw. 160–170

Rauhfußbussard
S. 17 Spw. 130–152

Mäusebussard
S. 17 Spw. 117–137

helle Ph.
Mäusebussard
S. 17 Spw. 117–137

Adlerbussard
S. 17 Spw. 130–160

Zwergadler, dunkel
S. 17 Spw. 109–117

Zwergadler, hell
S. 17 Spw. 109–117

Habichtsadler
S. 17 Spw. 157–168

Wespenbussard
S. 17 Spw. 119–127

Wespenbussard
S. 17 Spw. 119–127

Habicht
S. 18 Spw. 99–119

Rotmilan
S. 17 Spw. 145–155

Schwarzmilan
S. 17 Spw. 112–117

Rohrweihe
S. 18 Spw. 112–124

Schlangenadler
S. 16 Spw. 170–180

Fischadler
S. 15 Spw. 147–162

Spw. = Spannweite in cm

19

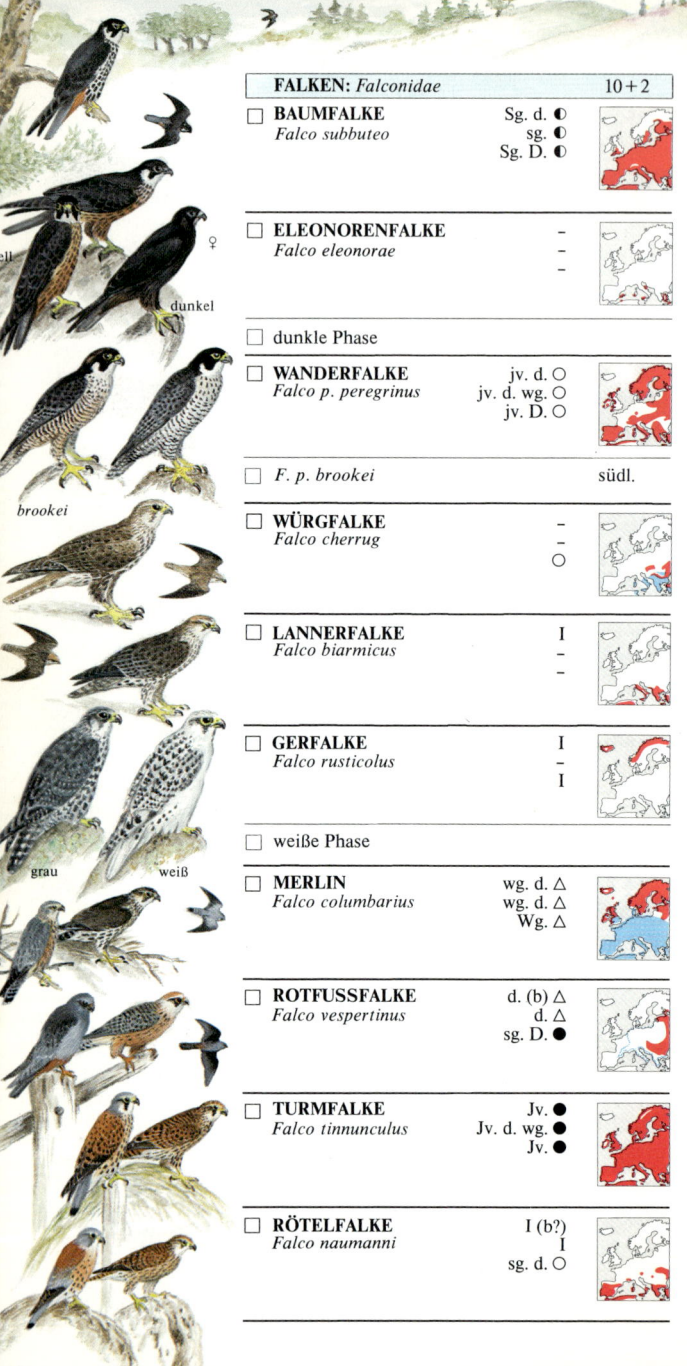

FALKEN: *Falconidae*		10+2
☐ **BAUMFALKE**	Sg. d. ◑	
Falco subbuteo	sg. ◑	
	Sg. D. ◑	
☐ **ELEONORENFALKE**	–	
Falco eleonorae	–	
	–	
☐ dunkle Phase		
☐ **WANDERFALKE**	jv. d. ○	
Falco p. peregrinus	jv. d. wg. ○	
	jv. D. ○	
☐ *F. p. brookei*	südl.	
☐ **WÜRGFALKE**	–	
Falco cherrug	–	
	○	
☐ **LANNERFALKE**	I	
Falco biarmicus	–	
	–	
☐ **GERFALKE**	I	
Falco rusticolus	–	
	I	
☐ weiße Phase		
☐ **MERLIN**	wg. d. △	
Falco columbarius	wg. d. △	
	Wg. △	
☐ **ROTFUSSFALKE**	d. (b) △	
Falco vespertinus	d. △	
	sg. D. ●	
☐ **TURMFALKE**	Jv. ●	
Falco tinnunculus	Jv. d. wg. ●	
	Jv. ●	
☐ **RÖTELFALKE**	I (b?)	
Falco naumanni	I	
	sg. d. ○	

ell dunkel

brookei

grau weiß

20

☐	**MOORSCHNEEHUHN**	–	
	Lagopus l. lagopus	–	
		–	

| ☐ | *L. l. scoticus* | | Britische Inseln |

☐	**ALPENSCHNEEHUHN**	jv. ○	
	Lagopus mutus	jv. ◑	
		Jv. ●	

☐	**BIRKHUHN**	jv. ○	
	Tetrao tetrix	jv. ◑	
		Jv. ◑	

☐	**AUERHUHN**	jv. ○	
	Tetrao urogallus	jv. ◑	
		jv. ◑	

☐	**HASELHUHN**	jv. ○	
	Bonasa bonasia	jv. ◑	
		Jv. ◑	

| ☐ | nördliche Rassen | | |

| TRUTHÜHNER: *Meleagridae* | 1 |

☐	**TRUTHUHN**	eing.	N-
	Meleagris gallopavo	–	Amerika
		(eing.)	D-(A)

| FASANEN, FELDHÜHNER: *Phasianidae* | 13 |

☐	**FASAN**	eing. Jv. ●	
	Phasianus colchicus	eing. Jv. ●	
		eing. Jv. ●	

| ☐ | Kolchische Rasse | | |

| ☐ | Tenebrosus-Fasan | | |

☐	**KÖNIGSFASAN**	eing.	aus China
	Syrmaticus reevesii	–	
		eing.	GB-D-A

☐	**GOLDFASAN**	–	aus China
	Chrysolophus pictus	–	
		–	GB

☐	**DIAMANTFASAN**	–	aus China
	Chrysolophus amherstiae	–	
		–	GB

☐ **BAUMWACHTEL**	(eing.)	N-Amer.
Colinus viriginianus	–	(D)-F-
		(GB)

☐ **SCHOPFWACHTEL**	(eing.)	W-N-
Lophortyx californicus	–	Amerika
		Korsika

☐ **HALSBANDFRANKOLIN**	–	Vorder-
Francolinus francolinus	–	Asien
	–	I (ehem. E)

| ☐ **FELSENHUHN** | – | |
| *Alectoris barbara* | – | |

| ☐ **CHUKARSTEINHUHN** | – | |
| *Alectoris chukar* | – | |

☐ **STEINHUHN**	jv. ○	
Alectoris graeca	Jv. ●	
	Jv. ○	

| ☐ **ROTHUHN** | ehemals b. (eing.) | |
| *Alectoris rufa* | – | |

☐ **REBHUHN**	Jv. ●	
Perdix perdix	Jv. ○	
	Jv. ●	

☐ „Moorhuhn"
☐ *P. p. hispaniensis*

☐ **WACHTEL**	Sg. d. ◖	
Coturnix coturnix	sg. ◖	
	Sg. ◖	

LAUFHÜHNCHEN: *Turnicidae* 1

| ☐ **LAUFHÜHNCHEN** | – | |
| *Turnix sylvatica* | – | |

KRANICHE: *Gruidae* 2 + 2

| ☐ **JUNGFERNKRANICH** | I | |
| *Anthropoides virgo* | – | |

☐ **KRANICH**	sg. D. ○	
Grus grus	d. △	
	D. (b) △	

hispaniensis

22

RALLEN: *Rallidae*		9+3
☐ **BLÄSSHUHN** *Fulica atra*	Jv. Wg. ● Jv. Wg. ● Jv. D. ●	
☐ **KAMMBLÄSSHUHN** *Fulica cristata*	– – –	
☐ **TEICHHUHN** *Gallinula chloropus*	Jv. ● Jv. Wg. ● Jv. ●	
☐ **PURPURHUHN** *Porphyrio porphyrio*	– – –	
☐ **WACHTELKÖNIG** *Crex crex*	Sg. ○ Sg. ○ Sg. ○	
☐ **KLEINES SUMPFHUHN** *Porzana parva*	jv. Sg. ○ sg. ○ jv. Sg. ○	
☐ **ZWERGSUMPFHUHN** *Porzana pusilla* Similar	sg. (b) sg. ○ jv. sg. (b)	
☐ **TÜPFELRALLE** *Porzana porzana*	jv. Sg. ○ Sg. ○ jv. Sg. ○	
☐ **WASSERRALLE** *Rallus aquaticus*	Jv. Wg. ● Jv. ● Jv. Wg. ◐	
TRAPPEN: *Otididae*		3
☐ **GROSSTRAPPE** *Otis tarda*	wg. △ I Jv. ○	
☐ **ZWERGTRAPPE** *Otis tetrax*	I I (b) I	
☐ **KRAGENTRAPPE** *Chlamydotis undulata*	I I –	Sahara Asien D-CH-GB- F-N-B-H-I-E

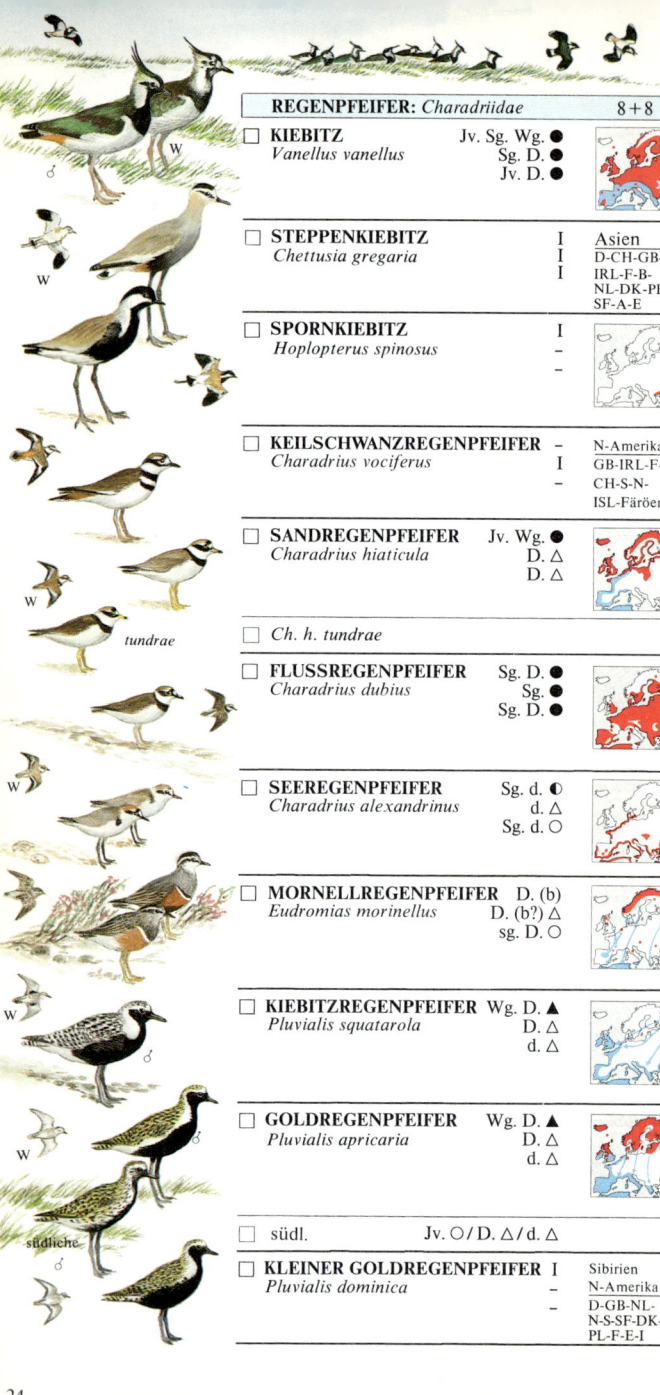

☐ **KIEBITZ**   Jv. Sg. Wg. ●
Vanellus vanellus   Sg. D. ●
   Jv. D. ●

☐ **STEPPENKIEBITZ**   I   Asien
Chettusia gregaria   I   D-CH-GB-
   I   IRL-F-B-
   NL-DK-PL-
   SF-A-E

☐ **SPORNKIEBITZ**   I
Hoplopterus spinosus   –
   –

☐ **KEILSCHWANZREGENPFEIFER**   –   N-Amerika
Charadrius vociferus   I   GB-IRL-F-
   –   CH-S-N-
   ISL-Färöer

☐ **SANDREGENPFEIFER**   Jv. Wg. ●
Charadrius hiaticula   D. △
   D. △

☐ *Ch. h. tundrae*

☐ **FLUSSREGENPFEIFER**   Sg. D. ●
Charadrius dubius   Sg. ●
   Sg. D. ●

☐ **SEEREGENPFEIFER**   Sg. d. ◑
Charadrius alexandrinus   d. △
   Sg. d. ○

☐ **MORNELLREGENPFEIFER**   D. (b)
Eudromias morinellus   D. (b?) △
   sg. D. ○

☐ **KIEBITZREGENPFEIFER**   Wg. D. ▲
Pluvialis squatarola   D. △
   d. △

☐ **GOLDREGENPFEIFER**   Wg. D. ▲
Pluvialis apricaria   D. △
   d. △

☐ südl.   Jv. ○ / D. △ / d. △

☐ **KLEINER GOLDREGENPFEIFER**   I   Sibirien
Pluvialis dominica   –   N-Amerika
   –   D-GB-NL-
   N-S-SF-DK-
   PL-F-E-I

SCHNEPFENVÖGEL: *Scolopacidae*   27 + 22

☐ **STEINWÄLZER** D. Sg. Wg. ▲
Arenaria interpres D. △
 d. △

☐ **BEKASSINE** jv. D. wg. ◑
Gallinago gallinago jv. d. wg. ◑
 jv. d. ◑

☐ melanistische Phase

melanistisch

☐ **DOPPELSCHNEPFE** D. △
Gallinago media D. △
 d. △

☐ **ZWERGSCHNEPFE** D. wg. (b) △
Lymnocryptes minimus D. wg. △
 D. △

☐ **GROSSER SCHLAMMLÄUFER** I   N-Amerika
Limnodromus scolopaceus –   GB regulär-
 –   N-S-DK-
 NL-D-GR

W

☐ **WALDSCHNEPFE** jv. D. wg. ◑
Scolopax rusticola Jv. d. wg. ●
 Jv. ○

☐ **GROSSER BRACHV.** jv. D. wg. ◑
Numenius arquata sg. D. wg. ○
 jv. D. ◑

☐ **DÜNNSCHNABEL-BRACHV.** I
Numenius tenuirostris I
 I

☐ **REGENBRACHVOGEL** D. wg. ▲
Numenius phaeopus D. ▲
 d. △

☐ **PFUHLSCHNEPFE** D. wg. ▲
Limosa lapponica d. △
 D. △

W

☐ **UFERSCHNEPFE** jv. D. ◑
Limosa limosa D. △
 jv. D. ◑

♂

☐ *L. l. islandica* Island

♂ islandica

25

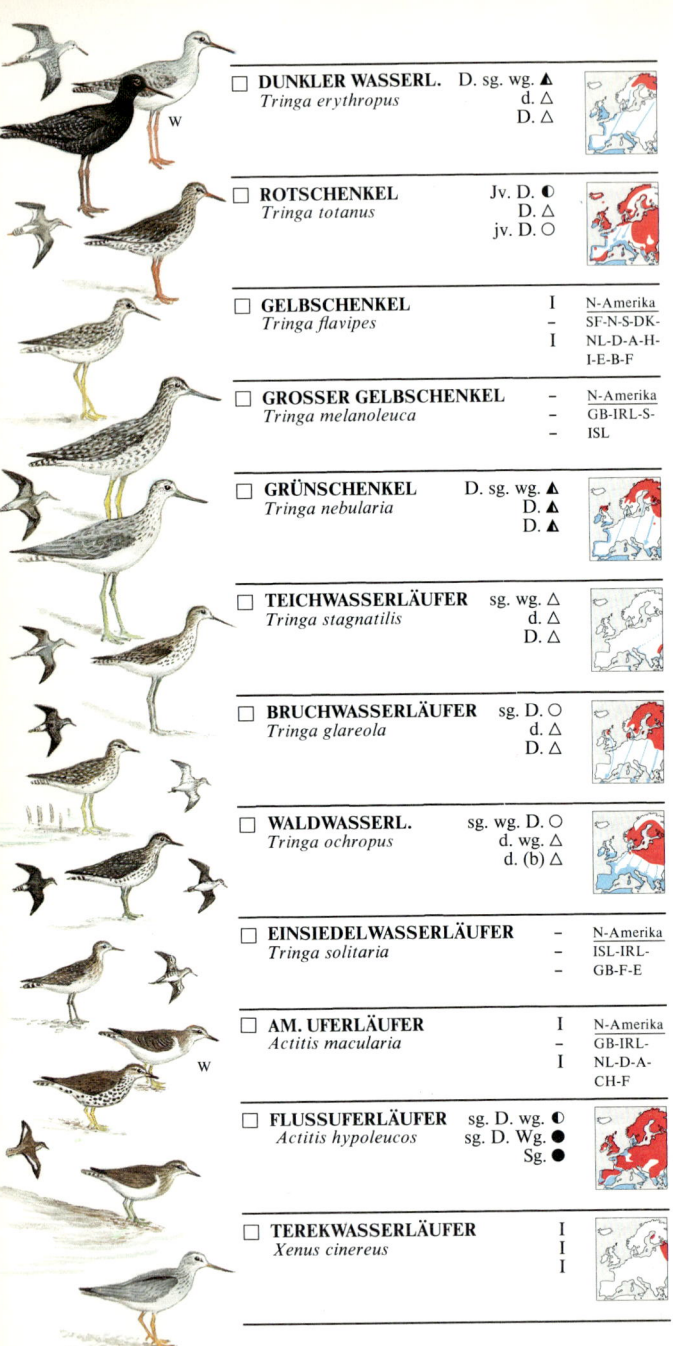

☐ **DUNKLER WASSERL.**	D. sg. wg. ▲	
Tringa erythropus	d. △	
	D. △	
☐ **ROTSCHENKEL**	Jv. D. ◑	
Tringa totanus	D. △	
	jv. D. ○	
☐ **GELBSCHENKEL**	I	N-Amerika
Tringa flavipes	–	SF-N-S-DK-
	I	NL-D-A-H-
		I-E-B-F
☐ **GROSSER GELBSCHENKEL**	–	N-Amerika
Tringa melanoleuca	–	GB-IRL-S-
	–	ISL
☐ **GRÜNSCHENKEL**	D. sg. wg. ▲	
Tringa nebularia	D. ▲	
	D. ▲	
☐ **TEICHWASSERLÄUFER**	sg. wg. △	
Tringa stagnatilis	d. △	
	D. △	
☐ **BRUCHWASSERLÄUFER**	sg. D. ○	
Tringa glareola	d. △	
	D. △	
☐ **WALDWASSERL.**	sg. wg. D. ○	
Tringa ochropus	d. wg. △	
	d. (b) △	
☐ **EINSIEDELWASSERLÄUFER**	–	N-Amerika
Tringa solitaria	–	ISL-IRL-
	–	GB-F-E
☐ **AM. UFERLÄUFER**	I	N-Amerika
Actitis macularia	–	GB-IRL-
	I	NL-D-A-
		CH-F
☐ **FLUSSUFERLÄUFER**	sg. D. wg. ◑	
Actitis hypoleucos	sg. D. Wg. ●	
	Sg. ●	
☐ **TEREKWASSERLÄUFER**	I	
Xenus cinereus	I	
	I	

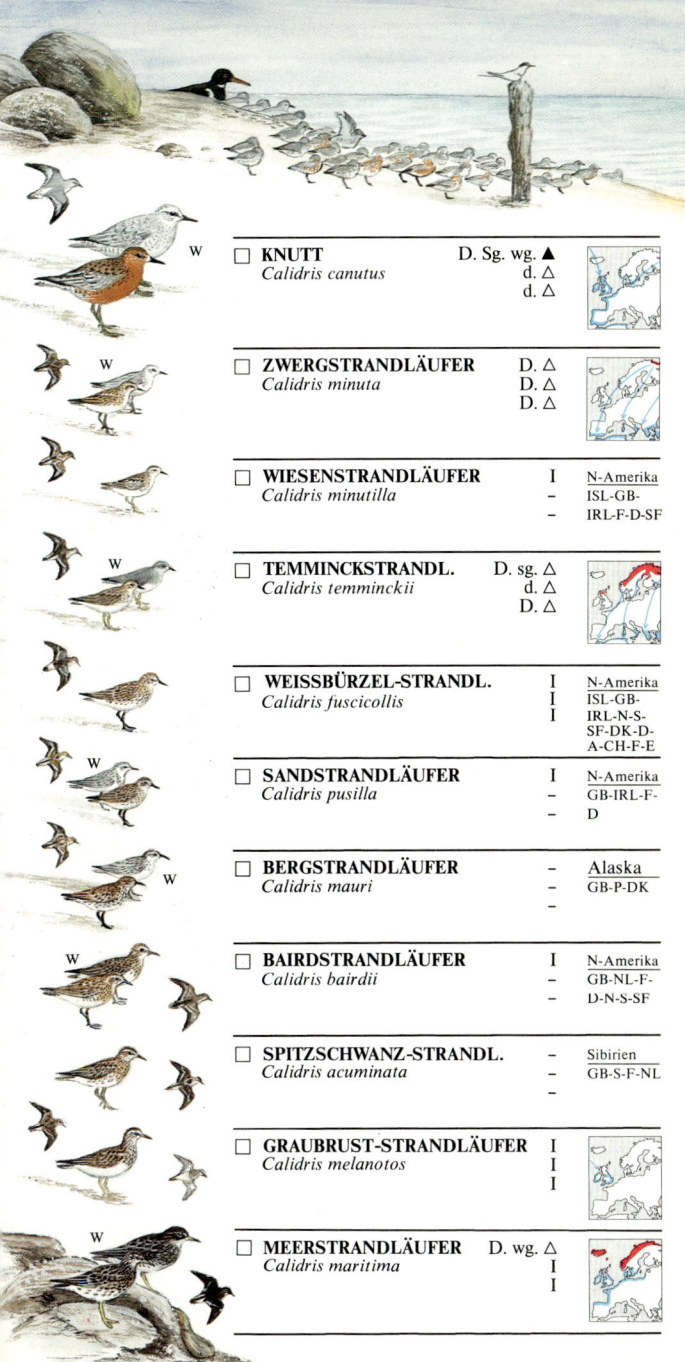

☐ **KNUTT**	D. Sg. wg. ▲	
Calidris canutus	d. △	
	d. △	

☐ **ZWERGSTRANDLÄUFER**	D. △	
Calidris minuta	D. △	
	D. △	

☐ **WIESENSTRANDLÄUFER**	I	N-Amerika
Calidris minutilla	–	ISL-GB-
	–	IRL-F-D-SF

☐ **TEMMINCKSTRANDL.**	D. sg. △	
Calidris temminckii	d. △	
	D. △	

☐ **WEISSBÜRZEL-STRANDL.**	I	N-Amerika
Calidris fuscicollis	I	ISL-GB-
	I	IRL-N-S-
		SF-DK-D-
		A-CH-F-E

☐ **SANDSTRANDLÄUFER**	I	N-Amerika
Calidris pusilla	–	GB-IRL-F-
	–	D

☐ **BERGSTRANDLÄUFER**	–	Alaska
Calidris mauri	–	GB-P-DK
	–	

☐ **BAIRDSTRANDLÄUFER**	I	N-Amerika
Calidris bairdii	–	GB-NL-F-
	–	D-N-S-SF

☐ **SPITZSCHWANZ-STRANDL.**	–	Sibirien
Calidris acuminata	–	GB-S-F-NL
	–	

☐ **GRAUBRUST-STRANDLÄUFER**	I	
Calidris melanotos	I	
	I	

☐ **MEERSTRANDLÄUFER**	D. wg. △	
Calidris maritima	I	
	I	

☐ **ALPENSTRANDL.**	D. Sg. wg. ▲		
Calidris a. alpina	D. wg. ▲		
	D. ▲		

☐ *C. a. schinzii*	Sg. ○ / ? / D. △	
☐ *C. a. arctica*		

arctica *schinzii*

☐ **SICHELSTRANDLÄUFER**	D. sg. △	
Calidris ferruginea	d. △	
	d. △	

☐ **SANDERLING**	D. sg. wg. ▲	
Calidris alba	d. △	
	d. △	

☐ **BINDENSTRANDLÄUFER**	I	N-Amerika
Micropalama himantopus	–	GB-IRL-S-
	I	D-A

☐ **GRASLÄUFER**	I	N-Amerika
Tryngites subruficollis	I	GB·N·DK·SF·S·
	I	NL·F·E·I·CH·D·
		A·BG

☐ **SUMPFLÄUFER**	d. △	
Limicola falcinellus	I	
	d. △	

☐ **PRÄRIELÄUFER**	I	N-Amerika
Bartramia longicauda	–	GB·ISL·DK·D·F·
	–	I·YU

☐ ☐ ☐

☐ **KAMPFLÄUFER**	sg. D. wg. ○	
Philomachus pugnax	D. △	
	sg. D. ○	

WASSERTRETER: *Phalaropodidae*		2 + 1

☐ **THORSHÜHNCHEN**	d. △	
Phalaropus lobatus	I	
	I	

☐ **ODINSHÜHNCHEN**	d. sg. △	
Phalaropus fulicarius	I	
	d. △	

☐ **WILSONHÜHNCHEN**	I	N-Amerika
Phalaropus tricolor	–	ISL·GB·IRL·S·
	–	SF·DK·NL·B·F·
		E·D

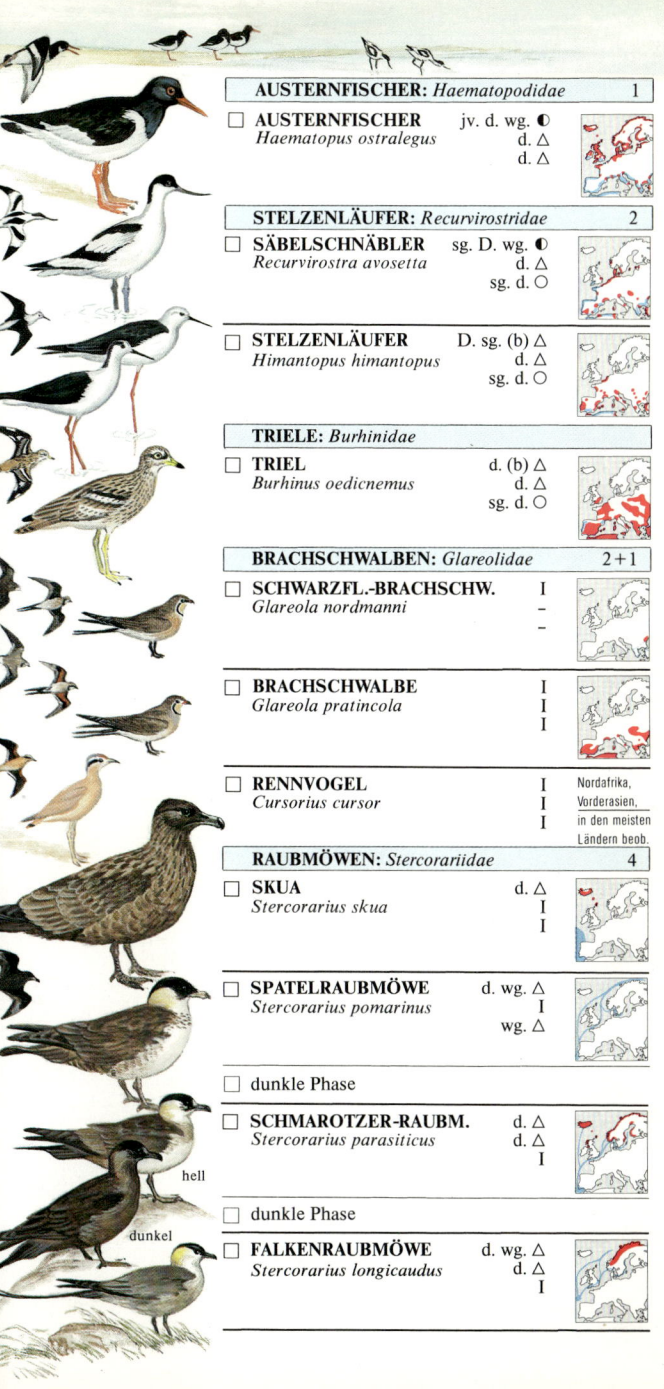

AUSTERNFISCHER: *Haematopodidae*		1

☐ **AUSTERNFISCHER**	jv. d. wg. ◗
Haematopus ostralegus	d. △
	d. △

STELZENLÄUFER: *Recurvirostridae*		2

☐ **SÄBELSCHNÄBLER**	sg. D. wg. ◗
Recurvirostra avosetta	d. △
	sg. d. ○

☐ **STELZENLÄUFER**	D. sg. (b) △
Himantopus himantopus	d. △
	sg. d. ○

TRIELE: *Burhinidae*	

☐ **TRIEL**	d. (b) △
Burhinus oedicnemus	d. △
	sg. d. ○

BRACHSCHWALBEN: *Glareolidae*		2+1

☐ **SCHWARZFL.-BRACHSCHW.**	I
Glareola nordmanni	–
	–

☐ **BRACHSCHWALBE**	I
Glareola pratincola	I
	I

☐ **RENNVOGEL**	I	Nordafrika,
Cursorius cursor	I	Vorderasien,
	I	in den meisten
		Ländern beob.

RAUBMÖWEN: *Stercorariidae*		4

☐ **SKUA**	d. △
Stercorarius skua	I
	I

☐ **SPATELRAUBMÖWE**	d. wg. △
Stercorarius pomarinus	I
	wg. △

☐ dunkle Phase

☐ **SCHMAROTZER-RAUBM.**	d. △
Stercorarius parasiticus	d. △
	I

☐ dunkle Phase

☐ **FALKENRAUBMÖWE**	d. wg. △
Stercorarius longicaudus	d. △
	I

hell

dunkel

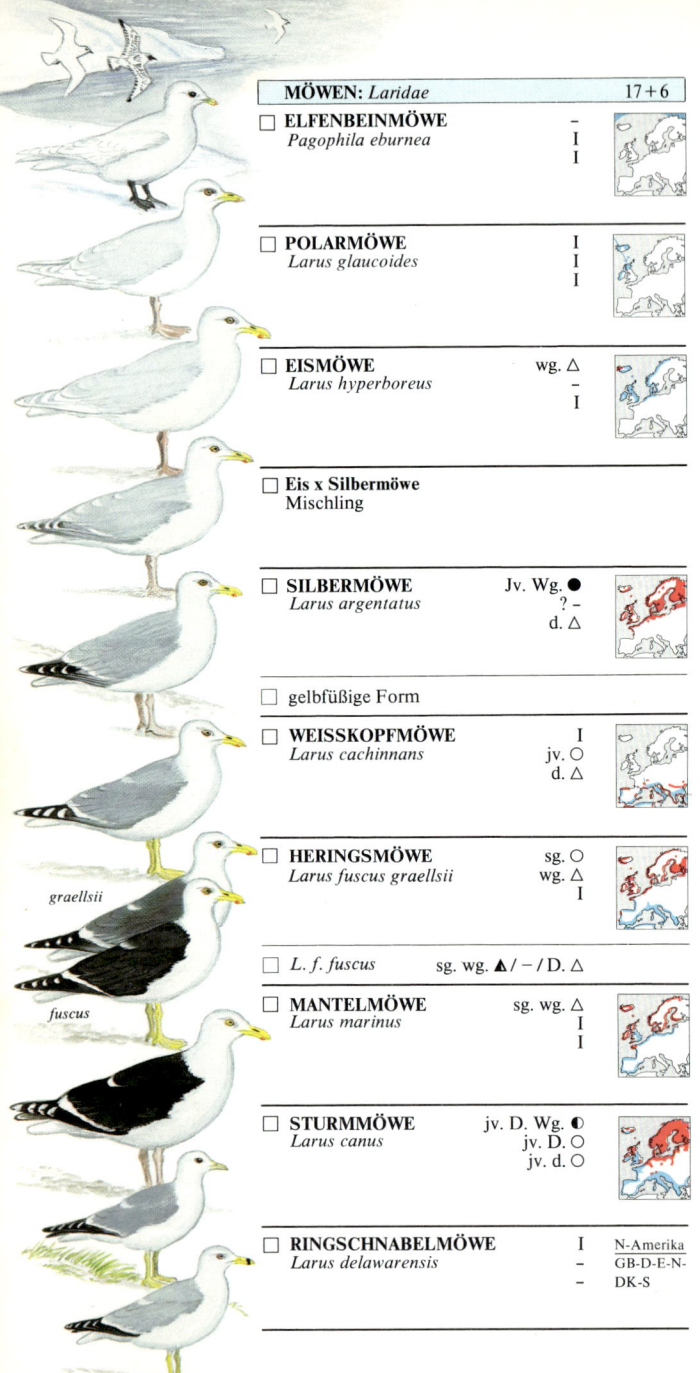

MÖWEN: *Laridae*		17 + 6

☐ **ELFENBEINMÖWE**
Pagophila eburnea — I I

☐ **POLARMÖWE**
Larus glaucoides I I I

☐ **EISMÖWE**
Larus hyperboreus wg. △ — I

☐ **Eis x Silbermöwe**
Mischling

☐ **SILBERMÖWE**
Larus argentatus Jv. Wg. ● ? − d. △

☐ gelbfüßige Form

☐ **WEISSKOPFMÖWE**
Larus cachinnans I jv. ○ d. △

☐ **HERINGSMÖWE**
Larus fuscus graellsii sg. ○ wg. △ I

graellsii

☐ *L. f. fuscus*   sg. wg. ▲ / − / D. △

fuscus

☐ **MANTELMÖWE**
Larus marinus sg. wg. △ I I

☐ **STURMMÖWE**
Larus canus jv. D. Wg. ◑ jv. D. ○ jv. d. ○

☐ **RINGSCHNABELMÖWE**
Larus delawarensis I − −   N-Amerika GB-D-E-N- DK-S

30

□ **KORALLENMÖWE** *Larus audouinii*	– I –	
□ **DÜNNSCHNABELMÖWE** *Larus genei*	I – I	
□ **SCHWARZKOPFMÖWE** *Larus melanocephalus*	sg. wg. ○ sg. wg. (b) △ ○	
□ **LACHMÖWE** *Larus ridibundus*	Jv. D. Wg. ● Sg. d. Wg. ◐ ◑	
□ **AZTEKENMÖWE** *Larus atricilla*	– – –	N-Amerika IRL-GB-F-S
□ **BONAPARTE-MÖWE** *Larus philadelphia*	– – –	N-Amerika ISL-GB- IRL-N-F- NL-B
□ **ZWERGMÖWE** *Larus minutus*	sg. D. wg. ○ d. △ sg. d. △	
□ **FISCHMÖWE** *Larus ichthyaetus*	(I) I I	Rußland A-CH-GB- B-NL-S-(D)
□ **SCHWALBENMÖWE** *Larus sabini*	I I I	
□ **DREIZEHENMÖWE** *Rissa tridactyla*	jv. d. ○ wg. △ I	
□ **ROSENMÖWE** *Rhodostethia rosea*	I – –	N-O-Sibirien IRL-GB-NL-F-N- DK-D-I-Färöer

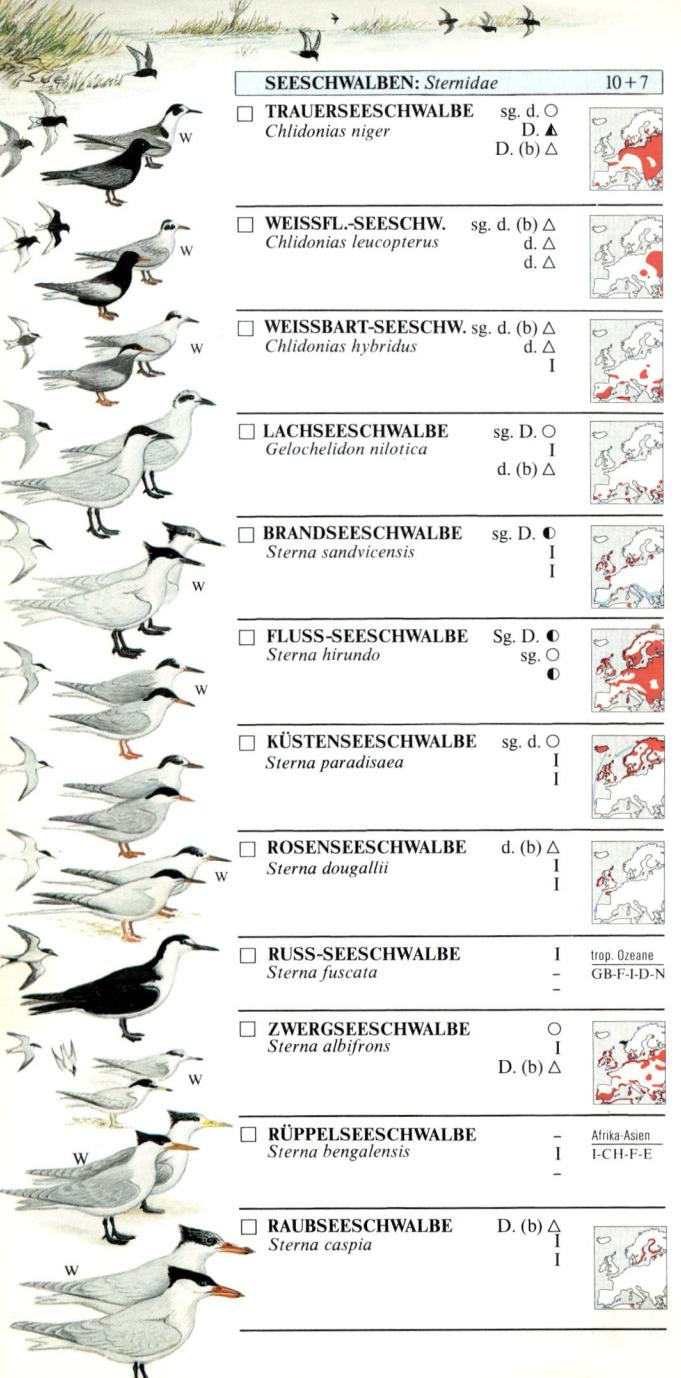

SEESCHWALBEN: *Sternidae*		10 + 7

TRAUERSEESCHWALBE
Chlidonias niger
sg. d. ○
D. ▲
D. (b) △

WEISSFL.-SEESCHW.
Chlidonias leucopterus
sg. d. (b) △
d. △
d. △

WEISSBART-SEESCHW.
Chlidonias hybridus
sg. d. (b) △
d. △
I

LACHSEESCHWALBE
Gelochelidon nilotica
sg. D. ○
I
d. (b) △

BRANDSEESCHWALBE
Sterna sandvicensis
sg. D. ◑
I
I

FLUSS-SEESCHWALBE
Sterna hirundo
Sg. D. ◑
sg. ○
◑

KÜSTENSEESCHWALBE
Sterna paradisaea
sg. d. ○
I
I

ROSENSEESCHWALBE
Sterna dougallii
d. (b) △
I
I

RUSS-SEESCHWALBE
Sterna fuscata
I   trop. Ozeane
–   GB-F-I-D-N

ZWERGSEESCHWALBE
Sterna albifrons
○
I
D. (b) △

RÜPPELSEESCHWALBE
Sterna bengalensis
–   Afrika-Asien
I   I-CH-F-E
–

RAUBSEESCHWALBE
Sterna caspia
D. (b) △
I
I

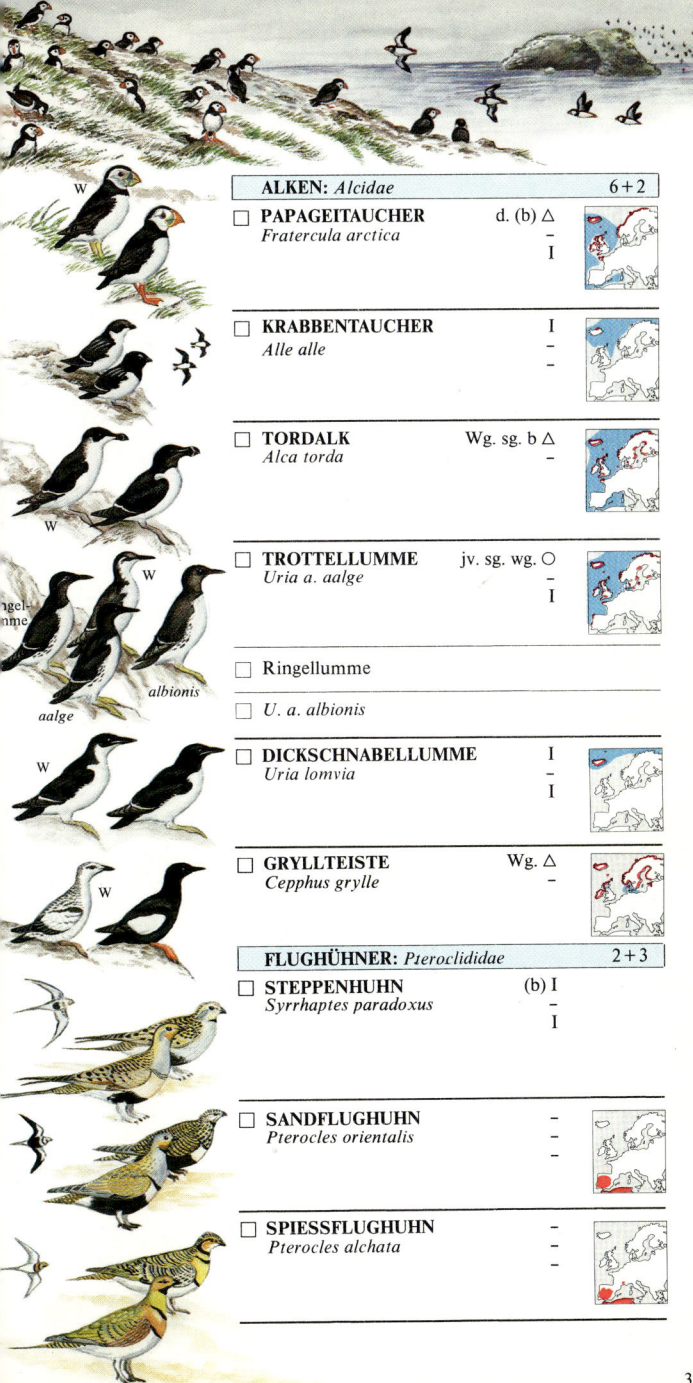

ALKEN: *Alcidae*		6+2

☐ **PAPAGEITAUCHER** d. (b) △
Fratercula arctica –
I

☐ **KRABBENTAUCHER** I
Alle alle –
–

☐ **TORDALK** Wg. sg. b △
Alca torda –

☐ **TROTTELLUMME** jv. sg. wg. ○
Uria a. aalge –
I

☐ Ringellumme

☐ U. a. albionis

☐ **DICKSCHNABELLUMME** I
Uria lomvia –
I

☐ **GRYLLTEISTE** Wg. △
Cepphus grylle –

FLUGHÜHNER: *Pteroclididae*		2+3

☐ **STEPPENHUHN** (b) I
Syrrhaptes paradoxus –
I

☐ **SANDFLUGHUHN** –
Pterocles orientalis –

☐ **SPIESSFLUGHUHN** –
Pterocles alchata –

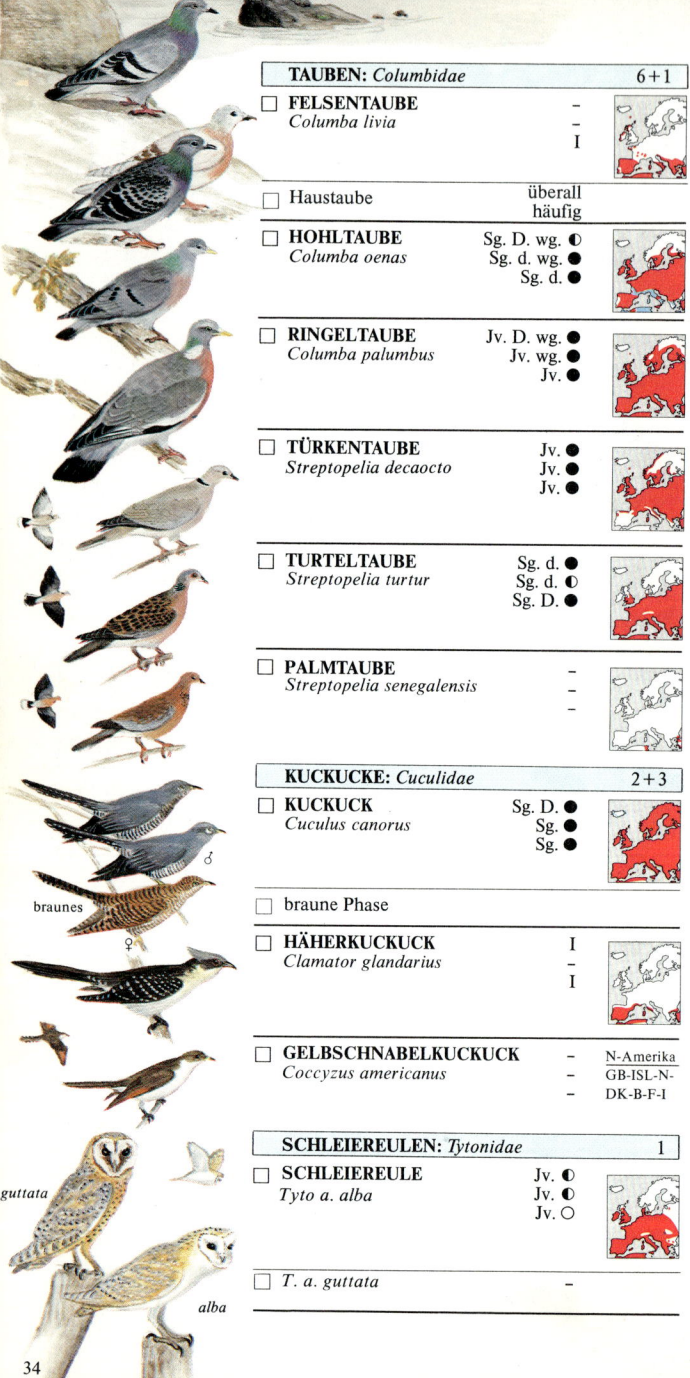

TAUBEN: *Columbidae*	6+1

FELSENTAUBE *Columba livia*	– I

Haustaube	überall häufig

HOHLTAUBE *Columba oenas*	Sg. D. wg. ◐ Sg. d. wg. ◐ Sg. d. ●

RINGELTAUBE *Columba palumbus*	Jv. D. wg. ● Jv. wg. ● Jv. ●

TÜRKENTAUBE *Streptopelia decaocto*	Jv. ● Jv. ● Jv. ●

TURTELTAUBE *Streptopelia turtur*	Sg. d. ● Sg. d. ◐ Sg. D. ●

PALMTAUBE *Streptopelia senegalensis*	– – –

KUCKUCKE: *Cuculidae*	2+3

KUCKUCK *Cuculus canorus*	Sg. D. ● Sg. ● Sg. ●

braunes

braune Phase	

♀

HÄHERKUCKUCK *Clamator glandarius*	I – I

GELBSCHNABELKUCKUCK *Coccyzus americanus*	– N-Amerika – GB-ISL-N- – DK-B-F-I

SCHLEIEREULEN: *Tytonidae*	1

guttata

SCHLEIEREULE *Tyto a. alba*	Jv. ◐ Jv. ◐ Jv. ○

T. a. guttata	–

alba

☐ **UHU**	jv. ○	
Bubo bubo	Jv. ○	
	Jv. ○	
☐ **ZWERGOHREULE**	sg. (b) △	
Otus scops	sg. ○	
	Sg. d. ○	
☐ **SCHNEE-EULE**	I	
Nyctea scandiaca	–	
	I	
☐ **SPERBEREULE**	I	
Surnia ulula	I	
	I	
☐ **SPERLINGSKAUZ**	jv. ○	
Glaucidium passerinum	Jv. ○	
	Jv. ◑	
☐ **STEINKAUZ**	Jv. ◑	
Athene noctua	Jv. ◑	
	Jv. ◑	
☐ **WALDKAUZ**	Jv. ●	
Strix aluco	Jv. ●	
	Jv. ●	
☐ graue Phase		
☐ **HABICHTSKAUZ**	I	
Strix uralensis	–	
	(jv.? ○)	
☐ **BARTKAUZ**	–	
Strix nebulosa		
	–	
☐ **SUMPFOHREULE**	jv. D. Wg. ○	
Asio flammeus	D. Wg. (b) △	
	jv. D. ○	
☐ **WALDOHREULE**	Jv. D. Wg. ●	
Asio otus	Jv. ●	
	Jv. D. ●	
☐ **RAUHFUSSKAUZ**	jv. wg. ◑	
Aegolius funereus	jv. ◑	
	Jv. ◑	

grau

♀

ZIEGENMELKER: *Caprimulgidae*		2+2
☐ **ZIEGENMELKER**	sg. d. ○	
Caprimulgus europaeus	sg. ○	
	sg. ○	
☐ **ROTHALSZIEGENMELKER**	–	
Caprimulgus ruficollis	–	
	–	

SEGLER: *Apodidae*		4+4
☐ **MAUERSEGLER**	Sg. D. ●	
Apus apus	Sg. D. ●	
	Sg. D. ●	
☐ **FAHLSEGLER**	–	
Apus pallidus	–	
☐ **ALPENSEGLER**	sg. ○	
Apus melba	Sg. ●	
	Sg. ○	
☐ **KAFFERNSEGLER**	–	
Apus caffer	–	
	–	

PAPAGEIEN: *Psittacidae*		1
☐ **HALSBANDSITTICH**	eing. ○	
Psittacula krameri	–	

EISVÖGEL: *Alcedinidae*		1+3
☐ **EISVOGEL**	jv. D. Wg. ◖	
Alcedo atthis	Jv. ●	
	Jv. D. ●	

BIENENFRESSER: *Meropidae*		1+1
☐ **BIENENFRESSER**	sg. (b) △	
Merops apiaster	I	
	sg. D. ○	

RACKEN: *Coraciidae*		1
☐ **BLAURACKE**	sg. (b) △	
Coracias garrulus	sg. △	
	Sg. D. ○	

WIEDEHOPF: *Upupidae*		1
☐ **WIEDEHOPF**	sg. d. ○	
Upupa epops	Sg. ●	
	Sg. ●	

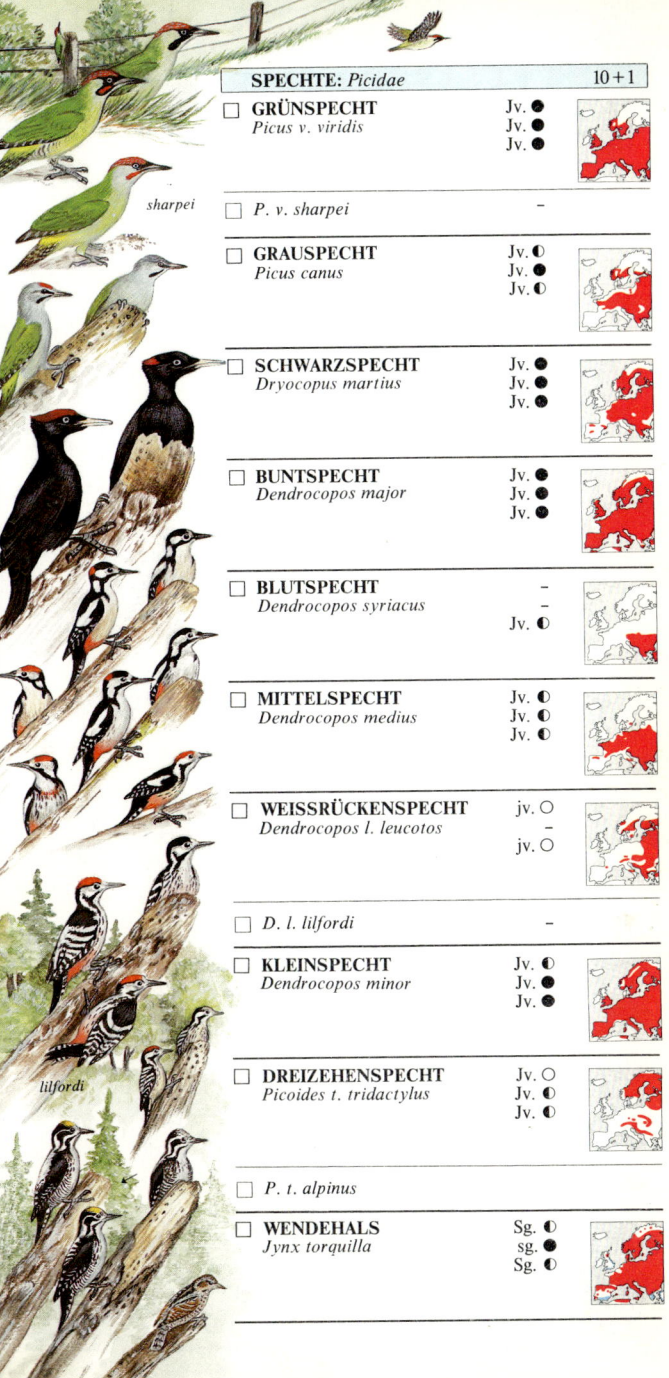

SPECHTE: *Picidae* 10+1

☐ **GRÜNSPECHT** Jv. ●
Picus v. viridis Jv. ●
Jv. ●

☐ *P. v. sharpei* −

☐ **GRAUSPECHT** Jv. ◑
Picus canus Jv. ●
Jv. ◑

☐ **SCHWARZSPECHT** Jv. ●
Dryocopus martius Jv. ●
Jv. ●

☐ **BUNTSPECHT** Jv. ●
Dendrocopos major Jv. ●
Jv. ●

☐ **BLUTSPECHT** −
Dendrocopos syriacus −
Jv. ◑

☐ **MITTELSPECHT** Jv. ◑
Dendrocopos medius Jv. ◑
Jv. ◑

☐ **WEISSRÜCKENSPECHT** jv. ○
Dendrocopos l. leucotos −
jv. ○

☐ *D. l. lilfordi* −

☐ **KLEINSPECHT** Jv. ◑
Dendrocopos minor Jv. ●
Jv. ●

☐ **DREIZEHENSPECHT** Jv. ○
Picoides t. tridactylus Jv. ◑
Jv. ◑

☐ *P. t. alpinus*

☐ **WENDEHALS** Sg. ◑
Jynx torquilla sg. ●
Sg. ◑

sharpei

lilfordi

LERCHEN: *Alaudidae*		9 + 5
☐ **HEIDELERCHE**	Sv. d. wg. ◑	
Lullula arborea	Sv. d. wg. ◑	
	Sg. ○	
☐ **FELDLERCHE**	Jv. D. Wg. ●	
Alauda arvensis	Jv. D. wg. ●	
	Jv. wg. ●	
☐ **HAUBENLERCHE**	Jv. wg. ●	
Galerida cristata	Jv. ○	
	Jv. ◑	
☐ **THEKLALERCHE**	–	
Galerida theklae	–	
☐ **OHRENLERCHE**	D. Wg. ▲	
Eremophila alpestris	I	
	wg. △	
☐ *E. a. penicillata*	–	
☐ **STUMMELLERCHE**	–	
Calandrella rufescens	–	
	–	
☐ **KURZZEHENLERCHE**	I	
Calandrella brachydactyla	I	
	I	
☐ **KALANDERLERCHE**	I	
Melanocorypha calandra	I	
	I	
☐ **MOHRENLERCHE**	(D) –	Rußland, Süd-
Melanocorypha yeltoniensis	–	osteuropa
	I	regulär
		B·NL·A·I·(D)
☐ **WEISSFLÜGELLERCHE**	(D)	Rußland
Melanocorypha leucoptera	I	PL·R·regulär
	–	CH·B·GB·N·I·
		(D)
☐ **DUPONTLERCHE**	–	
Chersophilus duponti	–	

STELZEN: *Motacillidae*		7 + 5
☐ **SPORNPIEPER**	D. △	Asien
Anthus novaeseelandiae	I	D·GB·F·P·GR·
	I	Skandinavien
☐ **PETSCHORAPIEPER**	–	Rußland
Anthus gustavi	–	SF·N·GB·
	–	NL
☐ **WALDPIEPER**	I	Asien
Anthus hodgsoni	–	GB·NL·N·
	–	PL·D

penicillata

☐ **BAUMPIEPER** *Anthus trivialis*	Sg. D. ● Sg. ● sg. ●	
☐ **WIESENPIEPER** *Anthus pratensis*	Jv. D. wg. ● jv. D. wg. ○ Jv. D. ◐	
☐ **ROTKEHLPIEPER** *Anthus cervinus*	D. △ I d. △	
☐ **BRACHPIEPER** *Anthus campestris*	sg. d. ○ D. (b) △ sg. D. ○	
☐ **WASSERPIEPER** 1 *Anthus sp. spinoletta* ←	jv. Wg. ○ Jv. Jv. D. ●	
☐ 2 *A. sp. petrosus,*	I – / I / –	Küsten
☐ 3 *A. sp. littoralis*	d. wg. △ / – / I	Skandinavien
☐ **SCHAFSTELZE** 1 *Motacilla fl. flava*	Sg. d. ● Sg. ◐ Sg. D. ◐	
☐ 2 *M. fl. flavissima*	/ I /	Britische Inseln
☐ 3 *M. fl. beema*		Rußland
☐ 4 *M. fl. thunbergi*	D △ / D △ / d	N-Skandinavien
☐ 5 *M. fl. feldegg*	I	Balkan
☐ 6 *M. fl. cinereocapilla*	jv. ○ / D / I	Italien
☐ 7 *M. fl. iberiae*		Iberien S-Frankreich
☐ **GEBIRGSSTELZE** *Motacilla cinerea*	Jv. ● Jv. d. ● Jv. ○	
☐ **ZITRONENSTELZE** *Motacilla citreola*	I – I	Rußland SF-S-GB-D- A-CS-GR
☐ **BACHSTELZE** *Motacilla a. alba*	Sg. D. wg. ● Sg. D. wg. ● Sg. wg. ●	
☐ *M. a. yarrelli,*	sg. d. ○ / I / I	Brit. Inseln

eschlechter gleich, er sehr variabel

yarrelli

39

SCHWALBEN: *Hirundinidae*		5
☐ **UFERSCHWALBE** *Riparia riparia*	Sg. D. ● Sg. ● Sg. D. ●	
☐ **FELSENSCHWALBE** *Hirundo rupestris*	sg. ○ Sg. wg. ● Sg. d. ◐	
☐ **RAUCHSCHWALBE** *Hirundo rustica*	Sg. ● Sg. ● Sg. ●	
☐ **RÖTELSCHWALBE** *Hirundo daurica*	I – I	
☐ **MEHLSCHWALBE** *Delichon urbica*	Sg. ● Sg. ● Sg. ●	
WÜRGER: *Laniidae*		5+1
☐ **NEUNTÖTER** *Lanius collurio*	Sg. d. ● Sg. ● Sg. ◕	
☐ **ISABELLWÜRGER** *Lanius isabellinus*	I – –	S-Asien GB-D
☐ **SCHWARZSTIRNWÜRGER** *Lanius minor*	sg. d. ○ sv. ○ sg. d. ○	
☐ **RAUBWÜRGER** *Lanius excubitor*	jv. wg. ○ jv. wg. ◑ Jv. Wg. ○	
☐ *L. c. meridionalis*	–	S-Frankr. Iberien
☐ **MASKENWÜRGER** *Lanius nubicus*	– –	
☐ **ROTKOPFWÜRGER** *Lanius senator*	sg. ○ sg. ◑ sg. d. ○	
SEIDENSCHWÄNZE: *Bombycillidae*		1
☐ **SEIDENSCHWANZ** *Bombycilla garrulus*	Invasv. wg. ▲ Invasv. △ Invasv. wg. △	

meridion.

excub.

40

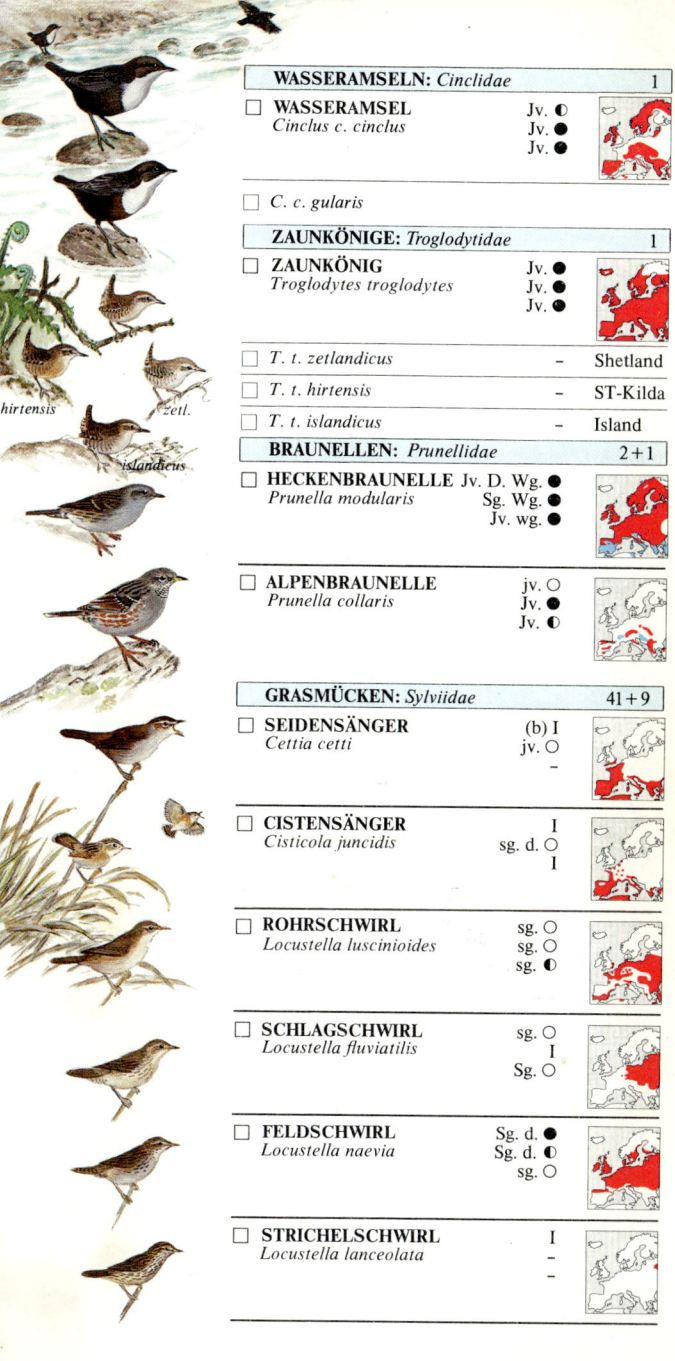

WASSERAMSELN: *Cinclidae*		1
☐ **WASSERAMSEL**	Jv. ◐	
Cinclus c. cinclus	Jv. ●	
	Jv. ●	

| ☐ *C. c. gularis* | | |

ZAUNKÖNIGE: *Troglodytidae*		1
☐ **ZAUNKÖNIG**	Jv. ●	
Troglodytes troglodytes	Jv. ●	
	Jv. ●	

☐ *T. t. zetlandicus*	–	Shetland
☐ *T. t. hirtensis*	–	ST-Kilda
☐ *T. t. islandicus*	–	Island

BRAUNELLEN: *Prunellidae*		2+1
☐ **HECKENBRAUNELLE**	Jv. D. Wg. ●	
Prunella modularis	Sg. Wg. ●	
	Jv. wg. ●	

☐ **ALPENBRAUNELLE**	jv. ○	
Prunella collaris	Jv. ●	
	Jv. ◐	

GRASMÜCKEN: *Sylviidae*		41+9
☐ **SEIDENSÄNGER**	(b) I	
Cettia cetti	jv. ○	
	–	

☐ **CISTENSÄNGER**	I	
Cisticola juncidis	sg. d. ○	
	I	

☐ **ROHRSCHWIRL**	sg. ○	
Locustella luscinioides	sg. ○	
	sg. ◐	

☐ **SCHLAGSCHWIRL**	sg. ○	
Locustella fluviatilis	I	
	Sg. ○	

☐ **FELDSCHWIRL**	Sg. d. ●	
Locustella naevia	Sg. d. ◐	
	sg. ○	

☐ **STRICHELSCHWIRL**	I	
Locustella lanceolata	–	
	–	

hirtensis   *zetl.*

islandicus

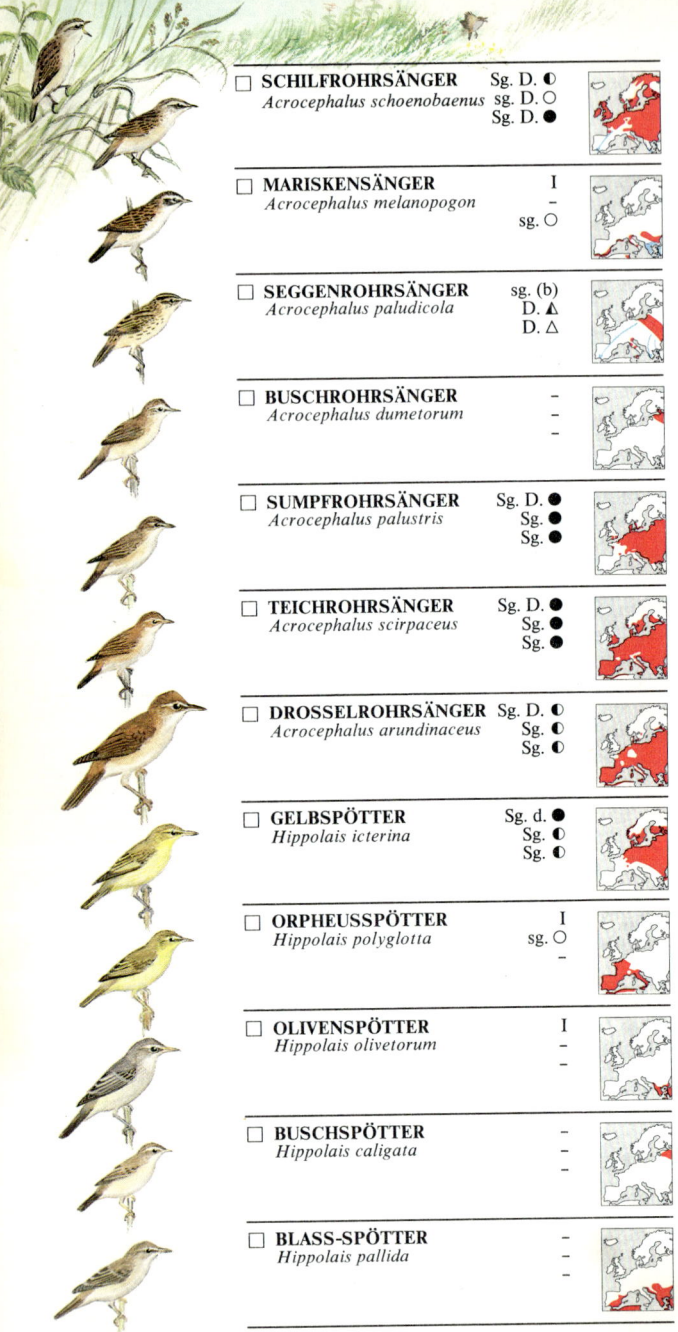

☐ **SCHILFROHRSÄNGER** *Acrocephalus schoenobaenus*	Sg. D. ◑ sg. D. ○ Sg. D. ●	
☐ **MARISKENSÄNGER** *Acrocephalus melanopogon*	I – sg. ○	
☐ **SEGGENROHRSÄNGER** *Acrocephalus paludicola*	sg. (b) D. ▲ D. △	
☐ **BUSCHROHRSÄNGER** *Acrocephalus dumetorum*	– –	
☐ **SUMPFROHRSÄNGER** *Acrocephalus palustris*	Sg. D. ● Sg. ● Sg. ●	
☐ **TEICHROHRSÄNGER** *Acrocephalus scirpaceus*	Sg. D. ● Sg. ● Sg. ●	
☐ **DROSSELROHRSÄNGER** *Acrocephalus arundinaceus*	Sg. D. ◐ Sg. ◐ Sg. ◐	
☐ **GELBSPÖTTER** *Hippolais icterina*	Sg. d. ● Sg. ◐ Sg. ◐	
☐ **ORPHEUSSPÖTTER** *Hippolais polyglotta*	I sg. ○ –	
☐ **OLIVENSPÖTTER** *Hippolais olivetorum*	I – –	
☐ **BUSCHSPÖTTER** *Hippolais caligata*	– – –	
☐ **BLASS-SPÖTTER** *Hippolais pallida*	– –	

42

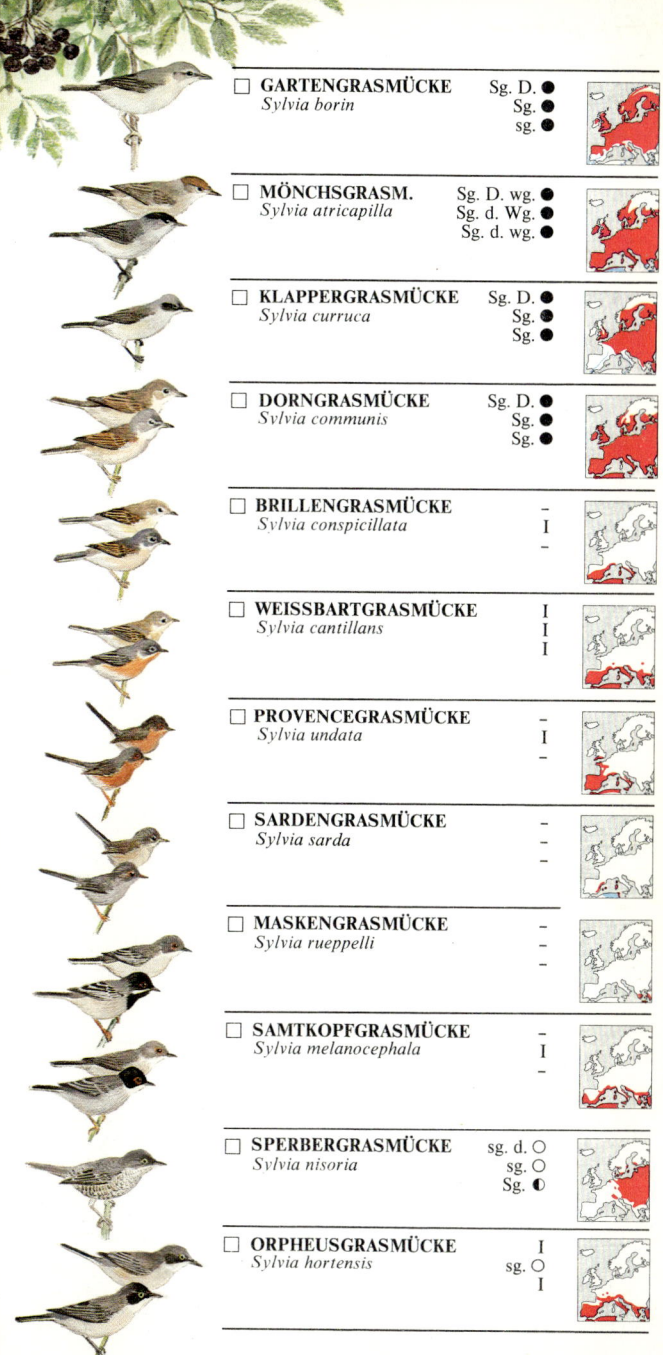

☐ **GARTENGRASMÜCKE** *Sylvia borin*	Sg. D. ● Sg. ● sg. ●	
☐ **MÖNCHSGRASM.** *Sylvia atricapilla*	Sg. D. wg. ● Sg. d. Wg. ● Sg. d. wg. ●	
☐ **KLAPPERGRASMÜCKE** *Sylvia curruca*	Sg. D. ● Sg. ● Sg. ●	
☐ **DORNGRASMÜCKE** *Sylvia communis*	Sg. D. ● Sg. ● Sg. ●	
☐ **BRILLENGRASMÜCKE** *Sylvia conspicillata*	– I –	
☐ **WEISSBARTGRASMÜCKE** *Sylvia cantillans*	I I I	
☐ **PROVENCEGRASMÜCKE** *Sylvia undata*	– I –	
☐ **SARDENGRASMÜCKE** *Sylvia sarda*	– – –	
☐ **MASKENGRASMÜCKE** *Sylvia rueppelli*	– – –	
☐ **SAMTKOPFGRASMÜCKE** *Sylvia melanocephala*	– I –	
☐ **SPERBERGRASMÜCKE** *Sylvia nisoria*	sg. d. ○ sg. ○ Sg. ◑	
☐ **ORPHEUSGRASMÜCKE** *Sylvia hortensis*	I sg. ○ I	

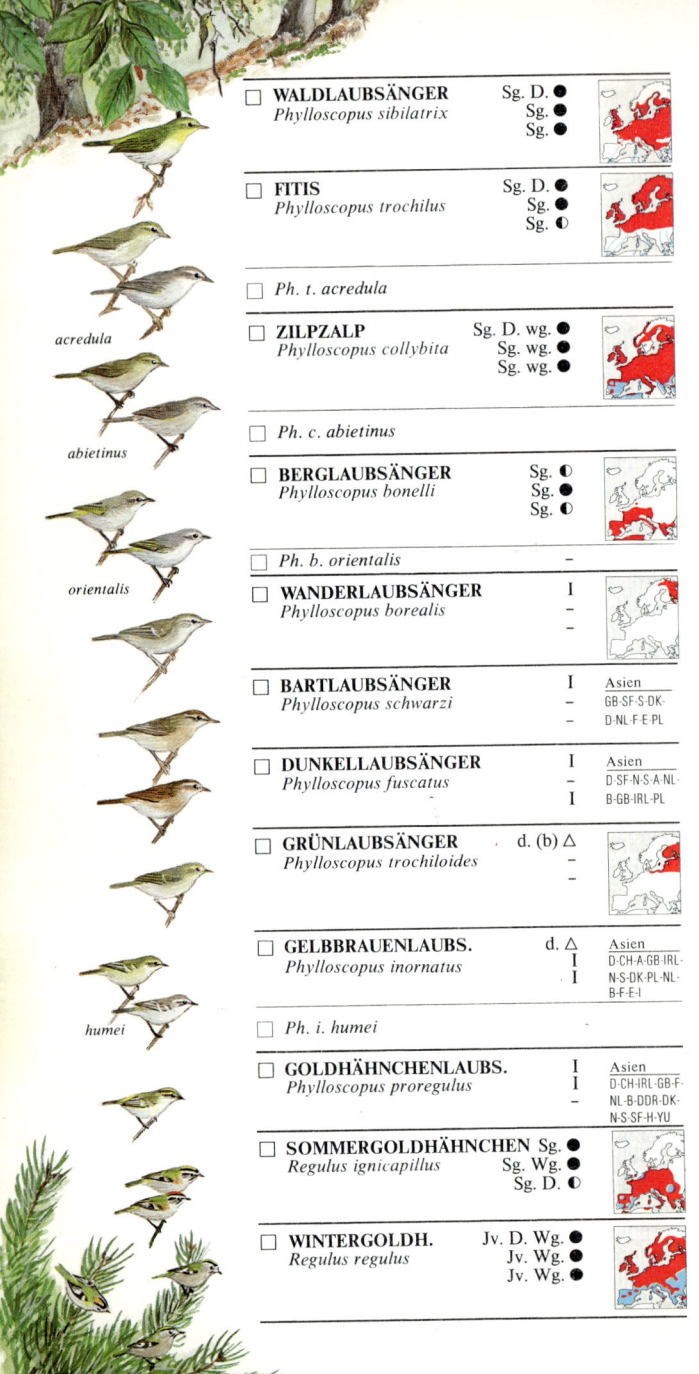

☐ **WALDLAUBSÄNGER** *Phylloscopus sibilatrix*	Sg. D. ● Sg. ● Sg. ●		
☐ **FITIS** *Phylloscopus trochilus*	Sg. D. ● Sg. ● Sg. ◐		
☐ *Ph. t. acredula*			
☐ **ZILPZALP** *Phylloscopus collybita*	Sg. D. wg. ● Sg. wg. ● Sg. wg. ●		
☐ *Ph. c. abietinus*			
☐ **BERGLAUBSÄNGER** *Phylloscopus bonelli*	Sg. ◐ Sg. ● Sg. ◐		
☐ *Ph. b. orientalis*	–		
☐ **WANDERLAUBSÄNGER** *Phylloscopus borealis*	I – –		
☐ **BARTLAUBSÄNGER** *Phylloscopus schwarzi*	I – –	Asien GB·SF·S·DK· D·NL·F·E·PL	
☐ **DUNKELLAUBSÄNGER** *Phylloscopus fuscatus*	I – I	Asien D·SF·N·S·A·NL· B·GB·IRL·PL	
☐ **GRÜNLAUBSÄNGER** *Phylloscopus trochiloides*	d. (b) △ – –		
☐ **GELBBRAUENLAUBS.** *Phylloscopus inornatus*	d. △ I I	Asien D·CH·A·GB·IRL· N·S·DK·PL·NL· B·F·E·I	
☐ *Ph. i. humei*			
☐ **GOLDHÄHNCHENLAUBS.** *Phylloscopus proregulus*	I I –	Asien D·CH·IRL·GB·F· NL·B·DDR·DK· N·S·SF·H·YU	
☐ **SOMMERGOLDHÄHNCHEN** *Regulus ignicapillus*	Sg. ● Sg. Wg. ● Sg. D. ◐		
☐ **WINTERGOLDH.** *Regulus regulus*	Jv. D. Wg. ● Jv. Wg. ● Jv. Wg. ●		

acredula

abietinus

orientalis

humei

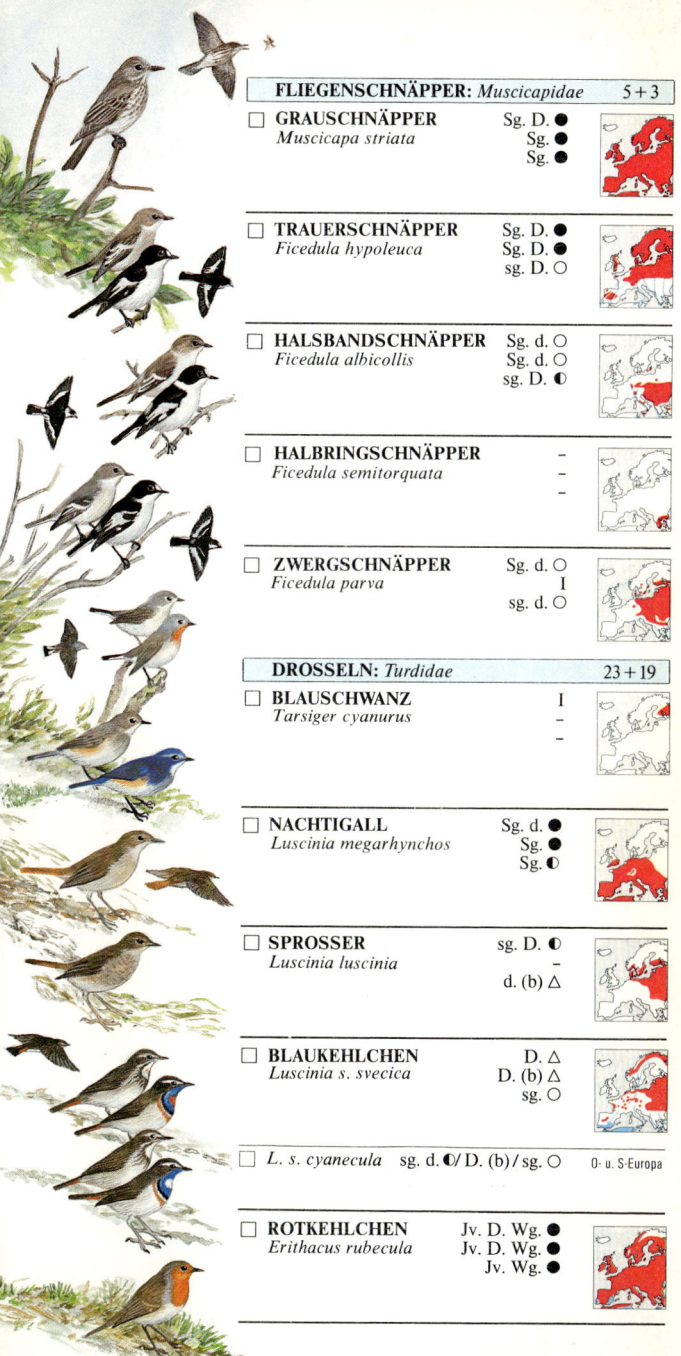

FLIEGENSCHNÄPPER: *Muscicapidae*		5 + 3
☐ **GRAUSCHNÄPPER** *Muscicapa striata*	Sg. D. ● Sg. ● Sg. ●	
☐ **TRAUERSCHNÄPPER** *Ficedula hypoleuca*	Sg. D. ● Sg. D. ● sg. D. ○	
☐ **HALSBANDSCHNÄPPER** *Ficedula albicollis*	Sg. d. ○ Sg. d. ○ sg. D. ◑	
☐ **HALBRINGSCHNÄPPER** *Ficedula semitorquata*	– – –	
☐ **ZWERGSCHNÄPPER** *Ficedula parva*	Sg. d. ○ I sg. d. ○	
DROSSELN: *Turdidae*		23 + 19
☐ **BLAUSCHWANZ** *Tarsiger cyanurus*	I – –	
☐ **NACHTIGALL** *Luscinia megarhynchos*	Sg. d. ● Sg. ● Sg. ◑	
☐ **SPROSSER** *Luscinia luscinia*	sg. D. ◑ – d. (b) △	
☐ **BLAUKEHLCHEN** *Luscinia s. svecica*	D. △ D. (b) △ sg. ○	
☐ *L. s. cyanecula* sg. d. ◑/ D. (b)/ sg. ○		O- u. S-Europa
☐ **ROTKEHLCHEN** *Erithacus rubecula*	Jv. D. Wg. ● Jv. D. Wg. ● Jv. Wg. ●	

45

☐ **GARTENROTSCHWANZ**	Sg. D.	●
Phoenicurus phoenicurus	D.	●
	Sg.	●
☐ **HAUSROTSCHWANZ**	Sg. d. wg.	●
Phoenicurus ochruros	Sg.	●
	Sg.	●
☐ *Ph. o. aterrimus*		Portugal S-Z-Spanien
☐ **SCHWARZKEHLCHEN**	Sg.	◑
Saxicola torquata	Sg.	◑
	Sg.	●
☐ **BRAUNKEHLCHEN**	Sg. D.	●
Saxicola rubetra	Sg.	●
	Sg.	●
☐ **STEINSCHMÄTZER**	Sg. d.	◑
Oenanthe o. oenanthe	Sg.	●
	Sg.	●
☐ *Oe. o. leucorrhoa*	d / – / –	Grönland, Kanada
☐ **ISABELLSTEINSCHMÄTZER**	–	
Oenanthe isabellina	–	
	–	
☐ **NONNENSTEINSCHMÄTZER**	I	
Oenanthe pleschanka	–	
	–	
☐ **WÜSTENSTEINSCHMÄTZER**	I	N-Afrika
Oenanthe deserti	–	D-GB-SF-
	–	S-I-GR
☐ **MITTELMEERSTEINSCHM.**	I	
Oenanthe hispanica	I	
	I	
☐ *Oe. h. melanoleuca*		Balkan, Griech.
☐ **TRAUERSTEINSCHMÄTZER**	I	
Oenanthe leucura	–	
	–	
☐ **STEINRÖTEL**	(b) I	
Monticola saxatilis	Sg.	◑
	Sg.	○
☐ **BLAUMERLE**	I	
Monticola solitarius	Jv.	○
	(jv. b) I	

aterrimus

leuc.

melanoleuca

☐ **HECKENSÄNGER** *Cercotrichas g. galactotes*	I I –	
☐ *C. g. syriacus*		
☐ **ROTDROSSEL** *Turdus iliacus*	D. wg. (b) ▲ D. wg. △ D. Wg. (b) ▲	
☐ **SINGDROSSEL** *Turdus philomelos*	Jv. D. ● Sg. wg. ● Jv. D. ●	
☐ **MISTELDROSSEL** *Turdus viscivorus*	Jv. D. Wg. ● Jv. ● Jv. ●	
☐ **WACHOLDERDR.** *Turdus pilaris*	Jv. D. Wg. ● Jv. D. wg. ● Jv. D. wg. ●	
☐ **RINGDROSSEL** *Turdus t. torquatus*	Sg. ○ Sg. ● Sg. ●	
☐ *T. t. alpestris*	D ▲/d/d	Berge von Z.-S.- Europa
☐ **AMSEL** *Turdus merula*	Jv. D. Wg. ● Jv. Wg. ● Jv. Wg. ●	
☐ **WANDERDROSSEL** *Turdus migratorius*	I – I	N-Amerika IRL-GB-D-F-B- NL-A-CS-YU
☐ **SCHWARZKEHLDROSSEL** *Turdus ruficollis atrogularis*	I – I	Sibirien N-GB-NL-B-F- I-A-D
☐ **WEISSBRAUENDROSSEL** *Turdus obscurus*	I – –	Sibirien SF-N-GB-NL-B- D-F-I
☐ **ZWERGDROSSEL** *Catharus ustulatus*	I – I	N-Amerika GB-IRL-F-B-D- A-I
☐ **SCHIEFERDROSSEL** *Zoothera sibirica*	I I –	Sibirien N-GB-NL-B-D- CH-F-I
☐ **ERDDROSSEL** *Zoothera dauma*	I – I	Asien N-ISL-GB-D-A- NL-B-F-I-E

alpestris

♂

♂

47

ROHRMEISEN: *Panuridae*			1
☐ **BARTMEISE**	Jv. d. ○		
Panurus biarmicus	jv. d. ○		
	jv. d. ○		

SCHWANZMEISEN: *Aegithalidae*			1
☐ **SCHWANZMEISE**	Jv. ●		
Aegithalos c. caudatus	Jv. ●		
	Jv. ●		

☐ *Ae. c. europaeus/rosaceus*	Jv. d. ○ / – / –	N- +O-Europa
☐ *Alpinus*-Gruppe ←	« – jv. ○ / – »	Südeuropa

BEUTELMEISEN: *Remizidae*			1
☐ **BEUTELMEISE**	Jv. d. ○		
Remiz pendulinus	jv. ○		
	Jv. d. ◑		

MEISEN: *Paridae*			9
☐ **LAPPLANDMEISE**	–		
Parus cinctus	–		
	–		
☐ **SUMPFMEISE**	Jv. ●		
Parus palustris	Jv. ●		
	Jv. ●		
☐ **WEIDENMEISE**	Jv. ●		
Parus montanus	Jv. ●		
	Jv. ●		

☐ *P. m. borealis*	–	Skandinavien

☐ **TRAUERMEISE**	–	
Parus lugubris	–	
	–	
☐ **HAUBENMEISE**	Jv. ●	
Parus cristatus	Jv. ●	
	Jv. ●	

☐ *P. c. scoticus*	–	Schottland

☐ **BLAUMEISE**	Jv. D. Wg. ●	
Parus caeruleus	Jv. ●	
	Jv. wg. ●	
☐ **LASURMEISE**	I	
Parus cyanus	–	
	I	
☐ **KOHLMEISE**	Jv. D. Wg. ●	
Parus major	Jv. D. Wg. ●	
	Jv. D. Wg. ●	
☐ **TANNENMEISE**	Jv. D. Wg. ●	
Parus ater	Jv. ●	
	Jv. D. Wg. ●	

☐ *P. a. hibernicus/britannicus*	–	Brit. Inseln

borealis

scot.

♂

48

SPECHTMEISEN: *Sittidae*		4+1
☐ **KLEIBER**	Jv. ●	
Sitta europaea caesia	Jv. ●	
	Jv. ●	
☐ *S. e. europaea*	–	N-Europa
☐ **FELSENKLEIBER**	–	
Sitta neumayer	–	
	–	
☐ **KORSENKLEIBER**	–	
Sitta whiteheadi	–	
	–	
☐ **TÜRKENKLEIBER**	–	
Sitta krueperi	–	
	–	
MAUERLÄUFER: *Trichodromadidae*		1
☐ **MAUERLÄUFER**	Jv. ○	
Trichodroma muraria	Jv. ●	
	Jv. ○	
BAUMLÄUFER: *Certhiidae*		2
☐ **WALDBAUMLÄUFER**	Jv. ●	
Certhia familiaris	Jv. ●	
	Jv. ●	
☐ **GARTENBAUMLÄUFER**	Jv. ●	
Certhia brachydactyla	Jv. ●	
	Jv. ◑	
SPERLINGE: *Passeridae*		5
☐ **HAUSSPERLING**	Jv. ●	
Passer d. domesticus	Jv. ●	
	Jv. ●	
☐ *P. d. italiae*	– / Jv. ◑ / –	Italien, CH-F
☐ **WEIDENSPERLING**	–	
Passer hispaniolensis		
	–	
☐ **FELDSPERLING**	Jv. d. ●	
Passer montanus	Jv. ●	
	Jv. ●	
☐ **STEINSPERLING**	(b) –	
Petronia petronia	I	
	(b) I	
☐ **SCHNEEFINK**	jv. ○	
Montifringilla nivalis	Jv. ●	
	Jv. ◑	

europ.

italiae
♀ ähnlich *domest.*

49

☐ **GRAUAMMER**   Jv. D. Wg. ◐
Miliaria calandra   Jv. D. Wg. ●
                            Jv. D. ◐

☐ **KAPPENAMMER**   I
Emberiza melanocephala   I
                            –

☐ **GOLDAMMER**   Jv. D. Wg. ●
Emberiza citrinella   Jv. D. Wg. ●
                            ●

☐ **FICHTENAMMER**   I   Rußland
Emberiza leucocephalos   –   ISL·GB·NL·B·F·
                            I   D·A·I

☐ **ZAUNAMMER**   jv. sg. ○
Emberiza cirlus   Jv. ◐
                          (b) I

☐ **TÜRKENAMMER**   –
Emberiza cineracea
                          –

☐ **ORTOLAN**   Sg. D. ○
Emberiza hortulana   Sg. D. ◐
                          Sg. D. ○

☐ **GRAUORTOLAN**   –
Emberiza caesia   –
                          (I?)

☐ **ZIPPAMMER**   Sg. ○
Emberiza cia   Jv. ◐
                          Jv. ○

☐ **ZWERGAMMER**   wg. △
Emberiza pusilla   I
                          I

☐ **ROHRAMMER**   Jv. d. wg. ●
Emberiza schoeniclus   Jv. D. wg. ●
                          ●

☐ **WALDAMMER**   I
Emberiza rustica   –
                          I

☐ **WEIDENAMMER**   I
Emberiza aureola   –
                          –

SCHNEEAMMER *Plectrophenax nivalis*	D. Wg. ▲ I wg. △	

SPORNAMMER *Calcarius lapponicus*	D. Wg. △ I I	

PRACHTFINKEN: Estrildidae   1

WELLENASTRILD *Estrilda astrild*	– – –	eing. in Portug. Spanien beobachtet

FINKEN: Fringillidae   20 + 2

GIRLITZ *Serinus serinus 'Tirrilit'*	Sg. wg. ● Sg. wg. ● Sg. wg. ●	

ZITRONENGIRLITZ *Serinus c. citrinella*	Jv. ◐ Jv. ● Jv. ○	

S. c. corsicana	–	Korsika, Sard.

ZEISIG *Carduelis spinus*	Jv. D. Wg. ● Jv. D. Wg. ● Jv. D. Wg. ●	

STIEGLITZ *Carduelis carduelis*	Jv. d. wg. ● sg. Jv. wg. ● Jv. wg. ●	

GRÜNFINK *Carduelis chloris*	Jv. D. Wg. ● Jv. D. Wg. ● Jv. D. Wg. ●	

BIRKENZEISIG *Acanthis fl. flammea*	D. Wg. ▲ – wg. △	

A. fl. islandica	–	Island

A. fl. cabaret	Jv. d. ◐/ Jv. ●/ Jv. ●	Alpen, Nords.- Ins., Brit. Ins.

POLARBIRKENZEISIG *Acanthis hornemanni*	I – –	

BERGHÄNFLING *Acanthis flavirostris*	D. Wg. ▲ I wg. △	

HÄNFLING *Acanthis cannabina*	Jv. D. wg. ● Jv. wg. ● Jv. wg. ●	

island.   cab.

☐ **FI-KREUZSCHN.**	Jv. Invasv. D. ◐	
Loxia curvirostra	Jv. Invasv. d. ●	
	Jv. Invasv. D. ●	
☐ **SCHOTT. KREUZSCHNABEL**	–	
Loxia scotica	–	
	–	
☐ **KIEFERNKREUZSCHNABEL**	wg. I	
Loxia pytyopsittacus	–	
	wg. △	
☐ **BINDENKREUZSCHNABEL**	I	
Loxia leucoptera	I	
	I	
☐ **HAKENGIMPEL**	I	
Pinicola enucleator	–	
	I	
☐ **KARMINGIMPEL**	sg. d. (b?)	
Carpodacus erythrinus	–	
	sg. ○	
☐ **KERNBEISSER**	Jv. D. wg. ●	
Coccothraustes coccothraustes	Jv. ●	
	Jv. D. ●	
☐ **GIMPEL**	Jv. Wg. ●	
Pyrrhula pyrrhula	Jv. wg. ●	
	Jv. wg. ●	
☐ *P. p. pyrrhula*	wg. △	Norden
☐ *P. p. iberiae*	–	Pyrenäen südwärts
☐ **WÜSTENGIMPEL**	–	
Bucanetes githagineus	–	
	I	
☐ **BUCHFINK**	Jv. D. Wg. ●	
Fringilla coelebs	Jv. D. wg.●	
	Jv. D. Wg. ●	
☐ **BERGFINK**	D. Wg. (b) ▲	
Fringilla montifringilla	D. Wg. ▲	
	D. Wg. ▲	

pyrrhula   *iberiae*

STARE: *Sturnidae*		3
☐ **STAR**	Jv. D. wg. ●	
Sturnus vulgaris	Sg. wg. ●	
	Jv. D. wg. ●	
☐ **EINFARBSTAR**	–	
Sturnus unicolor	–	
	–	
☐ **ROSENSTAR**	Invasv. I	
Sturnus roseus	I	
	Invasv. (b) I	

PIROLE: *Oriolidae*		1
☐ **PIROL**	Sg. d. ●	
Oriolus oriolus	Sg. ●	
	Sg. d. ●	

RABENVÖGEL: *Corvidae*		9+1

Blau-
elster

☐ **ELSTER**	Jv. ●	
Pica pica	Jv. ●	
	Jv. ●	
☐ **BLAUELSTER**	–	
Cyanopica cyana	–	
	–	

Unglücks-
häher

☐ **EICHELHÄHER**	Jv. D. Wg. ●	
Garrulus glandarius	Jv. ●	
	Jv. Wg. ●	
☐ **UNGLÜCKSHÄHER**	–	
Perisoreus infaustus	–	
	–	

macrorh.

☐ **TANNENHÄHER**   Jv. ◑
Nucifraga c. caryocatactes   Jv. ●
                            Jv. ●

☐ *N. c. macrorhynchos*
                Invasv. I   Sibirien

Alpen-
krähe

Alpen-
dohle

☐ **ALPENKRÄHE**   I
Pyrrhocorax pyrrhocorax   Jv. ◑
                            –

☐ **ALPENDOHLE**   Jv. ○
Pyrrhocorax graculus   Jv. ●
                          Jv. ◑

monedula

soemmerringii

☐ **DOHLE**   Jv. D. Wg. ●
Corvus m. monedula   Jv. D. Wg. ●
                         Jv. D. Wg. ●

☐ *C. m. spermologus*
                            Norden

☐ *C. m. soemmerringii*   S-Finnland
                            bis Balkan

spermologus

☐ **SAATKRÄHE**   Jv. D. Wg. ●
Corvus frugilegus   jv. D. Wg. ○
                         Jv. Wg. ◑

cornix

Kreuzungen Rabenkrähe x Nebelkrähe: In der Mischzone der Verbreitung der beiden Unterarten sind Kreuzungen aller Grade zu beobachten.

☐ **RABENKRÄHE** Jv.
Corvus c. corone Jv.
  Jv.

☐ **NEBELKRÄHE** jv. Wg. Schottland
C. c. cornix Jv. Nord-Ost

☐ **Kreuzungen** Jv.
corone x *cornix*

☐ **KOLKRABE** Jv.
Corvus corax Jv.
  Jv.

Krähen und Raben fressen oft am selben Aas. Ihre Unterscheidung ist schwierig: Raben sind größer, massiger und kräftiger. Im Flug ist ihr keilförmiger Schwanz typisch.

IRRGÄSTE

Art	Verbreitung
Bindentaucher	Amerika
Podilymbus podiceps	GB
Fregattensturmschwalbe	Atlant. Inseln
Pelagodroma marina	GB-NL
Madeira-Wellenläufer	Atlant. Inseln
Oceanodroma castro	GB-IRL-E
Wanderalbatros	südl. Ozeane
Diomedea exulans	D-B-F
Gelbnasenalbatros	südl. Ozeane
Diomedea chlororhynch.	ISL
Graukopfalbatros	südl. Ozeane
Diomedea chrysostoma	N
Rußalbatros	südl. Ozeane
Phoebetria palpebrata	F
Riesensturmvogel	südl. Ozeane
Macronectes giganteus	Ärmelkanal
Teufelssturmvogel	Karibik
Pterodroma hasitata	GB
Kermadecsturmvogel	südl. Pazifik
Pterodroma neglecta	GB
Brustbandsturmvogel	Pazifik
Pterodroma leucoptera	GB
Audubonsturmtaucher	W-Atlantik
Puffinus lherminieri	GB
Bulwersturmvogel	Atlant. Inseln
Bulweria bulwerii	GB-IRL-I
Pracht-Fregattvogel	S-Atlantik
Fregata magnificens	GB-NL-F-DK
Indianerdommel	Amerika
Ixobrychus exilis	ISL
Mandschurendommel	Ostasien
Ixobrychus eurhythmus	D-I
Grünreiher	Am.-Afr.-As.
Butorides striatus	GB
Küstenreiher	Afrika-Asien
Egretta gularis	F-E-I-YU
Waldrapp	N-Afr., Vorderasien
Geronticus eremita	E, ehem. bin D
Zwergflamingo	Afrika-Indien
Phoenicopterus minor	E
Chileflamingo	Anden
Phoenicopterus chilensis	eing., hat in D 1984 gebrütet
Witwenente	Afr.-Amerika
Dendrocygna viduata	E
Dunkelente	N-Amerika
Anas rubripes	GB-IRL-S-I

Art	Verbreitung
Sichelente	N-E-Asien
Anas falcata	S-F-CS-A
Büffelkopfente	N-Amerika
Bucephala albeola	ISL-GB-CS
Kappensäger	N-Amerika
Mergus cucullatus	D-GB-IRL
Ohrengeier	Afrika-Israel
Torgos tracheliotus	I-GR
Bindenseeadler	Rußland
Haliaeetus leucoryphus	D-NL-H-N-SF
Kleiner Singhabicht	Afrika
Melierax metabates	E-GR
Schwalbenweih	Amerika
Elanoides forficatus	D-F
Schieferfalke	Nordafrika
Falco concolor	I
Buntfalke	Amerika
Falco sparverius	GB-DK-Estl.
Kanadakranich	N-Amerika
Grus canadensis	IRL
Nonnenkranich	Asien
Grus leucogeranus	S
Bronzesultanshuhn	Afrika
Porphyrula alleni	E-I-F-D-DK
Zwergsultanshuhn	Amerika
Porphyrula martinica	CH-N-GB
Carolina-Sumpffralle	N-Amerika
Porzana carolina	GB-S-F
Weißschwanzkiebitz	Asien
Chettusia leucura	A-H-PL-R-I-F-GB-S-SF
Am. Sandregenpfeifer	N-Amerika
Charadr. semipalmatus	GB
Mongolenregenpfeifer	Asien
Charadrius mongolus	A-N
Wüstenregenpfeifer	Asien
Charadrius leschenaultii	D-A-B-F-GR-GB
Wermutregenpfeifer	Asien
Charadrius asiaticus	D-N-GB-F-I-R-BG
Kurzschn.-Schlamml.	N-Amerika
Limnodromus griseus	D-N-S-DK-GB-F
Zwergbrachvogel	N-Asien
Numenius minutus	N
Hudsonschnepfe	N-Amerika
Limosa haesmastica	GB
Schlammtreter	N-Amerika
Catoptoph. semipalm.	IRL-GB-F-S-YU
Wanderwasserläufer	Sib., N-Amer.
Heteroscelus incanus	GB

☐ Rotkehlstrandläufer	Sibir./Alaska
Calidris ruficollis	D
☐ Langzehen-Strandläufer	N-O-Asien
Calidris subminuta	S
☐ Weißbaugenmöwe	Rotes Meer
Larus leucophthalmus	GR
☐ Graukopfmöwe	Afrika
Larus cirrocephalus	E
☐ Präriemöwe	N-Amerika
Larus pipixcan	GB-S-F
☐ Königsseeschwalbe	Afrika/Amer.
Sterna maxima	GB-N-IRL-E
☐ Sumpfseeschwalbe	N-Amerika
Sterna forsteri	ISL-GB
☐ Aleutenseeschwalbe	Sib./Alaska
Sterna aleutica	GB
☐ Zügelseeschwalbe	Afrika/Karib.
Sterna anaethetus	GB-ISL
☐ Noddi	Trop. Meere
Anous stolidus	D-N
☐ Rotschnabelalk	Nordpazifik
Cyclorrhynchus psittac.	S
☐ Schopfalk	Nordpazifik
Aethia cristatella	ISL
☐ Tropfenflughuhn	Afrika/Indien
Pterocles senegallus	I
☐ Braunbauchflughuhn	Afrika/Indien
Pterocles exustus	H
☐ Meenataube	Asien
Streptopelia orientalis	D-N-SF-S-DK-GB-I-GR
☐ Jakobiner-Kuckuck	Afrika/Asien
Clamator jacobinus	SF
☐ Schwarzschnabel-Kuck.	N-Amerika
Coccyz. erythrophthalm.	D-ISL-IRL-GB-F-I
☐ Kap-Ohreule	Afrika
Asio capensis	E-P
☐ Pharaonenziegenmelker	Vorderasien/Afrika
Caprimulgus aegyptius	D-DK-S-GB-I
☐ Falkennachtschwalbe	N-Amerika
Chordeiles minor	ISL-GB
☐ Stachelschwanzsegler	O-Asien
Hirundapus caudacutus	GB-IRL-I-SF-N
☐ Haussegler	Asien
Apus affinis	E-I-GB-IRL
☐ Gabelschwanzsegler	Asien
Apus pacificus	GB
☐ Graufischer	Afrika/Asien
Ceryle rudis	GR-PL
☐ Gürtelfischer	N-Amerika
Ceryle alcyon	GB-IRL-NL-ISL
☐ Braunliest	Asien
Halcyon smyrnensis	GR

☐ Blauwangenspint	Afrika/Asien
Merops superciliosus	GR-YU-I-F-NL-GB-S
☐ Saftlecker	N-Amerika
Sphyrapicus varius	GB-ISL
☐ Buchentyrann	Östl. N-Amer.
Empidonax virescens	ISL
☐ Uferlerche	S-Asien
Calandrella raytal	E
☐ Sandlerche	N-Afrika/As.
Ammomanes cinctura	I-Malta
☐ Steinlerche	N-Afr./W-As.
Ammomanes deserti	E
☐ Wüstenläuferlerche	NO-Af./W-Asien, Malta
Alaemon alaudipes	
☐ Bergkalanderlerche	Asien
Melanocorypha bimac.	SF-I-GB
☐ Steppenpieper	Asien
Anthus godlewskii	SF-GB
☐ Amer. Pieper, s. S. 39	Grönl.,N-Am.
Anthus spinol. rubesc.	GB
☐ Graubülbül	Afrika/Asien
Pycnonotus barbatus	E
☐ Rotrücken-Spottdrossel	N-Amerika
Toxostoma rufum	D-GB
☐ Katzenvogel	N-Amerika
Dumetella carolinensis	D-DDR-GB
☐ Bergbraunelle	N-Asien
Prunella montanella	S-SF-CS-I-GR
☐ Riesenschwirl	Sibirien
Locustella fasciolata	F-DK
☐ Streifenschwirl	Sibirien
Locustella certhiola	D-NL-GB-IRL
☐ Feldohrsänger	Rußland
Acrocephalus agricola	D-NL-R-BG (brüt. in BG?)
☐ Dickschnabelsänger	Sibirien
Acrocephalus aedon	GB
☐ Wüstengrasmücke	Afr./Asien
Sylvia nana	D-GR-I-GB-F-S-SF
☐ Tamariskengrasmücke	Rußl.-V'asien
Sylvia mystacea	P
☐ Atlasgrasmücke	Atlas
Sylvia deserticola	Malta
☐ Wacholderlaubsänger	Asien
Phylloscopus nitidus	D
☐ Braunschnäpper	O-Asien
Muscicapa latirostris	GB-N-DK
☐ Tannenschnäpper	Sibir./China
Ficedula mugimaki	I
☐ Goldschnäpper	O-Asien
Ficedula narcissina	F
☐ Rubinkehlchen	Sibir./China
Luscinia calliope	GB-F-I-ISL-Estland
☐ Blaunachtigall	Asien
Luscinia cyane	GB
☐ Weißkehlsänger	Vorderasien
Irania gutturalis	GR-S-N

☐ **Diademrotschwanz**	N-Afrika
Phoenicurus moussieri	I-E-Malta
☐ **Saharaschmätzer**	N-Afrika
Oenanthe leucopyga	GB-Malta
☐ **Einfarbdrossel**	Himalaja
Turdus unicolor	D
☐ **Naumanndrossel**	O-M-Sibirien
Turdus n. naumanni	D-A-GB-NL-B-F-I
T. n. eunomus	N-Sibirien D-A-DK-GB-IRL-NL-B-F-I
☐ **Rotkehldrossel**	Sibirien
T. r. ruficollis	D-A-NL-SF
☐ **Walddrossel**	N-Amerika
Hylocichla mustelina	ISL
☐ **Einsiedlerdrossel**	N-Amerika
Catharus guttatus	D-DDR-ISL-L-GB
☐ **Wilsondrossel**	N-Amerika
Catharus fuscescens	GB
☐ **Grauwangendrossel**	N-Amerika
Catharus minimus	D-N-GB-F
☐ **Kanadakleiber**	N-Amerika
Sitta canadensis	ISL
☐ **Rotaugenvireo**	N-Amerika
Vireo olivaceus	D-GB-ISL
☐ **Kletterwaldsänger**	N-Amerika
Mniotilta varia	GB-IRL
☐ **Brauenwaldsänger**	N-Amerika
Vermivora peregrina	ISL-GB
☐ **Meisensänger**	Amerika
Parula americana	ISL-GB
☐ **Goldwaldsänger**	Amerika
Dendroica petechia	GB
☐ **Tigerwaldsänger**	N-Amerika
Dendroica tigrina	GB
☐ **Grünwaldsänger**	N-Amerika
Dendroica virens	D
☐ **Hemlockwaldsänger**	N-Amerika
Dendroica magnolia	GB
☐ **Sumpfwaldsänger**	N-Amerika
Dendroica palmarum	GB
☐ **Kronwaldsänger**	N-Amerika
Dendroica coronata	GB-IRL
☐ **Kappenwaldsänger**	N-Amerika
Dendroica striata	GB
☐ **Schnäpperwaldsänger**	N-Amerika
Setophaga ruticilla	F-GB-IRL
☐ **Pieperwaldsänger**	N-Amerika
Seirus aurocapillus	GB
☐ **Uferwaldsänger**	N-Amerika
Seirus noveboracensis	F-GB
☐ **Gelbkehlchen**	N-Amerika
Geothlypis trichas	GB
☐ **Kapuzenwaldsänger**	N-Amerika
Wilsonia citrina	GB

☐ **Mönchwaldsänger**	N-Amerika
Wilsonia pusilla	GB
☐ **Sommertangare**	N-Amerika
Piranga rubra	GB
☐ **Scharlachtangare**	N-Amerika
Piranga olivacea	GB-IRL
☐ **Indigofink**	O-N-Amerika
Passerina c. cyanea	D-GB-ISL
☐ **Lazulifink**	W-N-Amerika
P. c. amoena	ISL
☐ **Rosenbrustkernknacker**	N-Amerika
Pheucticus ludovicianus	GB-E-Malta
☐ **Grundammer**	N-Amerika
Pipilo erythrophthalmus	GB
☐ **Grasammer**	N-Amerika
Passerc. sandvichensis	GB
☐ **Fuchsammer**	N-Amerika
Zonotrichia iliaca	D-GB-ISL-I
☐ **Singammer**	N-Amerika
Zonotrichia melodia	GB-N
☐ **Dachsammer**	N-Amerika
Zonotrichia leucophrys	D-F-GB
☐ **Weißkehlammer**	N-Amerika
Zonotrichia albicollis	NL-S-SF-GB-DK-IRL
☐ **Lerchenammer**	N-Amerika
Chondestes grammacus	GB
☐ **Junko**	N-Amerika
Junco hyemalis	ISL-GB-NL-PL-I
☐ **Maskenammer**	Sibirien
Emberiza spodocephala	D
☐ **Wiesenammer**	Sibirien
Emberiza cioides	DK-GB
☐ **Gelbbrauenammer**	Sibirien
Emberiza chrysophrys	GB-L-F-NL
☐ **Silberkopfammer**	Asien
Emberiza stewarti	B
☐ **Rötelammer**	Sibirien
Emberiza rutila	GB-N-F-NL
☐ **Pallasammer**	Sibirien
Emberiza pallasi	DK-GB
☐ **Braunkopf-** oft als	Asien
ammer Käfigvogel	in fast allen
Emberiza eingeführt	europäischen
bruniceps	Ländern
☐ **Bobolink**	N-Amerika
Dolichonyx oryzivorus	GB-IRL
☐ **Baltimoretrupial**	Amerika
Icterus galbula	ISL-IRL-GB
☐ **Waglertrupial**	Mexiko
Icterus wagleri	N
☐ **Brillenstärling**	N-Amerika
Xanthocephalus xanthocephalus	DK-S-N-E
☐ **Senegal-** oft als	Afrika
amarant Käfigvogel	(E gebrütet)
L. senegala eingeführt	
☐ **Zügelastrild** oft als	Afrika
Estrilda Käfigvogel	(E gebrütet)
rhodopyga eingeführt	
☐ **Rosengimpel**	Asien
Carpodacus roseus	H
☐ **Abendkernbeißer**	N-Amerika
Hesperiphona vespertina	GB-N
☐ **Elsterdohle**	Sibir./China
Corvus dauuricus	SF

Lateinisches Artenregister

Deutsches Artenregister